U0147280

eons
艺 文 志

不可言明的共通体

[法]莫里斯·布朗肖(Maurice Blanchot) | 著

夏可君　尉光吉 | 译

上海文艺出版社
Shanghai Literature & Art Publishing House

目 录

重拾拜德雅之学

1

中国古代，士之教育的主要内容是德与雅。《礼记》云："乐正崇四术，立四教，顺先王《诗》《书》《礼》《乐》以造士。春秋教以《礼》《乐》，冬夏教以《诗》《书》。"这些便是针对士之潜在人选所开展的文化、政治教育的内容，其目的在于使之在品质、学识、洞见、政论上均能符合士的标准，以成为真正有德的博雅之士。

实际上，不仅是中国，古希腊也存在着类似的德雅兼蓄之学，即 paideia（παιδεία）。paideia 是古希腊城邦用于教化和培育城邦公民的教学内容，亦即古希腊学园中所传授的治理城邦的学问。古希腊的学园多招收贵族子弟，他们所维护的也是城邦贵族统治的秩序。在古希腊学园中，一般教授修辞学、语法学、音乐、诗歌、哲学，当然也会讲授今天被视为自然科学的某些学问，如算术和医学。不过在古希腊，这些学科之间的区分没有那么明显，更不会存在今天的文理之分。相反，这些在学园里被讲授的学问被统一称为 paideia。经过 paideia 之学的培育，这些贵族身份的公民会变得 "καλòς κάγαθός"（雅而有德），这个古希腊词语形容理想的人的行为，而古希腊历史学家希罗多德(Ἡρόδοτος)常在他的《历史》中用这个词来描绘古典时代的英雄形象。

在古希腊，对 paideia 之学呼声最高的，莫过于智者学派的演说家和教育家伊索克拉底(Ἰσοκράτης)，他大力主张对全体城邦公民开展 paideia 的教育。在伊索克拉底看来，paideia 已然不再是某个特权阶层让其后嗣垄断统治权力的教育，相反，真正的 paideia 教育在于给人们以心灵的启迪，开启人们的心智，与此同时，paideia 教育也让雅典人真正具有了人的美德。在伊索克拉底那里，paideia 赋予了雅典公民淳美的品德、高雅的性情，这正是雅典公民获得独一无二的人之美德的唯一途径。在这个意义上，paideia 之学，经过伊索克拉底的改造，成为一种让人成长的学问，让人从 paideia 之中寻找到属于人的德性和智慧。或许，这就是中世纪基督教教育中，及文艺复兴时期，paideia 被等同于人文学的原因。

2

在《词与物：人文科学考古学》最后，福柯提出了一个"人文科学"的问题。福柯认为，人文科学是一门关于人的科学，而这门科学，绝不是像某些生物学家和进化论者所认为的那样，从简单的生物学范畴来思考人的存在。相反，福柯认为，人是"这样一个生物，即他从他所完全属于的并且他的整个存在据以被贯穿的生命内部构成了他赖以生活的种种表象，并且在这些表象的基础上，他拥有了能去恰好表象生命这个奇特力量"[1]。尽管福柯这段话十分绕口，但他的意思是很明确的，人在这个世界上的存在是一个相当复杂的现象，它所涉及的是我们在这个世界上的方方面面，包括哲学、语言、诗歌等。这样，人文科学绝不是从某个孤立的角度（如

1　米歇尔·福柯，《词与物：人文科学考古学》，莫伟民译，上海：上海三联书店，2001，459-460。

单独从哲学的角度，单独从文学的角度，单独从艺术的角度）去审视我们作为人在这个世界上的存在，相反，它有助于我们思考自己在面对这个世界的综合复杂性时的构成性存在。

其实早在福柯之前，德国古典学家魏尔纳·贾格尔（Werner Jaeger）就将 paideia 看成一个超越所有学科之上的人文学总体之学。正如贾格尔所说，"paideia，不仅仅是一个符号名称，更是代表着这个词所展现出来的历史主题。事实上，和其他非常广泛的概念一样，这个主题非常难以界定，它拒绝被限定在一个抽象的表达之下。唯有当我们阅读其历史，并跟随其脚步孜孜不倦地观察它如何实现自身，我们才能理解这个词的完整内容和含义。……我们很难避免用诸如文明、文化、传统、文学或教育之类的词来表达它。但这些词没有一个可以覆盖 paideia 这个词在古希腊时期的意义。上述那些词都只涉及 paideia 的某个侧面：除非把那些表达综合在一起，我们才能看到这个古希腊概念的范阈"[1]。贾格尔强调的正是后来福柯所主张的"人文科学"所涉及的内涵，也就是说，paideia 代表着一种先于现代人文科学分科之前的总体性对人

1　Werner Jaeger, *Paideia: The Ideals of Greek Culture*, vol. 1, Oxford: Blackwell, 1946, i.

文科学的综合性探讨研究，它所涉及的，就是人之所以为人的诸多方面的总和，那些使人具有人之心智、人之德性、人之美感的全部领域的汇集。这也正是福柯所说的人文科学就是人的实证性（positivité）之所是，在这个意义上，福柯与贾格尔对 paideia 的界定是高度统一的，他们共同关心的是，究竟是什么，让我们在这个大地上具有了诸如此类的人的秉性，又是什么塑造了全体人类的秉性。paideia，一门综合性的人文科学，正如伊索克拉底所说的那样，一方面给予我们智慧的启迪；另一方面又赋予我们人之所以为人的生命形式。对这门科学的探索，必然同时涉及两个不同侧面：一方面是对经典的探索，寻求那些已经被确认为人的秉性的美德，在这个基础上，去探索人之所以为人的种种学问；另一方面，也更为重要的是，我们需要依循着福柯的足迹，在探索了我们在这个世界上的生命形式之后，最终还要对这种作为实质性的生命形式进行反思、批判和超越，即让我们的生命在其形式的极限处颤动。

这样，paideia 同时包括的两个侧面，也意味着人们对自己的生命和存在进行探索的两个方向：一方面它有着古典学的厚重，代表着人文科学悠久历史发展中形成的良好传统，孜孜不倦地寻找人生的真谛；另一方面，也代表着人文科学努力在生命的边缘处，寻找向着生命形式的外部空间拓展，以延伸我们内在生命的可能。

3

这就是我们出版这套丛书的初衷。不过，我们并没有将 paideia 一词直接翻译为常用译法"人文学"，因为这个"人文学"在中文语境中使用起来，会偏离这个词原本的特有含义，所以，我们将 paideia 音译为"拜德雅"。此译首先是在发音上十分近似于其古希腊词语，更重要的是，这门学问诞生之初，便是德雅兼蓄之学。和我们中国古代德雅之学强调"六艺"一样，古希腊的拜德雅之学也有相对固定的分目，或称为"八艺"，即体操、语法、修辞、音乐、数学、地理、自然史与哲学。这八门学科，体现出拜德雅之学从来就不是孤立地在某一个门类下的专门之学，而是统摄了古代的科学、哲学、艺术、语言学甚至体育等门类的综合性之学，其中既强调了亚里士多德所谓勇敢、节制、正义、智慧这四种美德

（ἀρετή），也追求诸如音乐之类的雅学。同时，在古希腊人看来，"雅而有德"是一个崇高的理想。我们的教育，我们的人文学，最终是要面向一个高雅而有德的品质，因而我们在音译中选用了"拜"这个字。这样，"拜德雅"既从音译上翻译了这个古希腊词语，也很好地从意译上表达了它的含义，避免了单纯叫作"人文学"所可能引生的不必要的歧义。本丛书的 logo，由黑白八点构成，以玄为德，以白为雅，黑白双色正好体现德雅兼蓄之意。同时，这八个点既对应于拜德雅之学的"八艺"，也对应于柏拉图在《蒂迈欧篇》中谈到的正六面体（五种柏拉图体之一）的八个顶点。它既是智慧美德的象征，也体现了审美的典雅。

不过，对于今天的我们来说，更重要的是，跟随福柯的脚步，向着一种新型的人文科学，即一种新的拜德雅前进。在我们的系列中，既包括那些作为人类思想精华的**经典作品**，也包括那些试图冲破人文学既有之藩篱，去探寻我们生命形式的可能性的**前沿著作**。

既然是新人文科学，既然是新拜德雅之学，那么现代人文科学分科的体系在我们的系列中或许就显得不那么重要了。这个拜德雅系列，已经将历史学、艺术学、文学或诗学、

哲学、政治学、法学，乃至社会学、经济学等多门学科涵括
在内，其中的作品，或许就是各个学科共同的精神财富。对
这样一些作品的译介，正是要达到这样一个目的：在一个大
的人文学的背景下，在一个大的拜德雅之下，来自不同学科
的我们，可以在同样的文字中，去呼吸这些伟大著作为我们
带来的新鲜空气。

为了在黑暗中接近……

布朗肖的这本小书，或许如其标题所言，保持着某种不可言明的特点。要谈论它并不容易。一方面，它所回应的共通体的迫切要求正在这个世界里遭到遗忘，甚至这一遗忘的后果也难以察觉；另一方面，它本身就源于一个隐秘的共通体，那既是书文的共通体，也是爱的共通体。阅读共通体的书写，首先就面对着共通体的缺席。然而，至少为了试着在黑暗中没有方向地向着这一共通体接近，有必要倾听几个不愿言明自身的模糊的声音。

抛开历史的词源和谱系，暂不考虑政治的灾异或事件，这里讨论的共通体，指出了具体的谈话者，并设置了一段明确的背景。如同布朗肖的绝大部分写作，人们有理由相信，这本书充当了另两位作者及其作品的评论：让-吕克·南希的哲学论文《非功效的共通体》和玛格丽特·杜拉斯的记述《死亡的疾病》。但根本的问题,共通体的问题,就像在南希那里,首先指向了乔治·巴塔耶。在这场无形的谈话中,巴塔耶首先以隐晦的姿态,提出了共通体的要求。南希和布朗肖的思考,在文字中留下了这一要求的诸多线索:(1)早在1920年代超现实主义时期,巴塔耶就已经开始设想个体如何通过相互的关系形成一个整体了;(2)到了1930年代,巴塔耶在其社会学理论中继续探讨社会有机体的组织形式问题,并付诸实践,也就是"反攻"、"无头者"和"社会学学院";(3)在"二战"期间的"无神学大全"的写作里,巴塔耶再次提出了与迷狂体验有关的"交流"的问题,并在手记里留下了让南希和布朗肖着迷的关于共通体的明确定义:"否定的共通体"。虽然南希对巴塔耶的研究重新点燃了共通体之思的火花,但这个可以说从巴塔耶文本的裂隙中寻得的定义依旧神秘。围绕着这一定义的晦暗光芒,布朗肖再次把共通体引入了外部的黑夜。

杜拉斯的记述就被这个黑夜笼罩、包围,并且,男人和女人达成的情人的共通体,就暴露在这夜晚的时间下。布朗肖试图在此证实的,恰恰是这个浸没了共通体的黑夜所具有的力量,因为这力量在消解个体成员之间关系的同时,也让他们成为巴塔耶意义上的真正的共通体：共通性的丧失也是共通体的铸成。为了理解这看似悖谬的论断，为了进入共通体的这极为陌异的关系，有必要唤起列维纳斯的观点，恢复自我与他者之间的根本的不对称性。只有他者的死亡能让我走向共通体的敞开，只有走向绝对他异的外部，把自身交给无限的黑夜，我的有限的孤独才不会一个人承担。

此刻，谈话者是否也处在了一个共通体当中：一个在时间内部不断地以文字的形式进行叠加和翻倍的共通体？共通体总在铭写秘密的友谊。巴塔耶的友谊，他自己最早为《有罪者》一书定下的副标题，纪念着他同那些没有记录名字的朋友们的友谊；布朗肖的友谊，他为1971年的文集所定的标题，向包括巴塔耶在内的朋友们发出了敬意（并且，正是纪念巴塔耶的文章决定了这个题目）。而这本小书，凭借其批评的工作，再一次召唤了布朗肖同巴塔耶、同杜拉斯、同列维纳斯、同南希的多重友谊。情人（amants）的共通体，不也是友人（amis）的共通体吗？因为共通体就是爱（amour）的见证，虽然这爱也飘散在逝者的笑容和生者的泪水当中，在缺席的沉默者和到场的言说者之间，触摸那不可穿透的永恒之夜的界线。

　　本书分两个部分：第一部分，"否定的共通体"，最早由夏可君老师翻译；第二部分，"情人的共通体"，则是我多年后翻译的。这两部分译稿，起初只是出于个人的研究兴趣，互不相识；而它们（及其各自的译者）的相遇，实属偶然。相遇，不就是偶然的吗？但正如布朗肖在论相遇时所说，那一刻，偶然成为必然。如此的必然，或许就是此书的命数吧。值此出版之际，我亦统一修订了译稿。也许，从一种语言到另一种语言，翻译的门槛上已隐约地留下了一道连接作者与读者的思之足印。沿着足印追溯，正是一个到来的共通体之可能性的最为紧迫的工作。

尉光吉

2016 年 3 月

不可言明的共通体

La Communauté inavouable

1. 否定的共通体

那些无共通性者的共通体。

——乔治·巴塔耶[1]

从让-吕克·南希重要的文本出发，我想重新开始一个反思，对我而言，这个反思从未打断过，只是显得有些久远罢了，我的思考涉及共产主义者（communiste）的紧迫要求，涉及这个紧迫感与一个共通体（communauté）[2]之可能性或不可能性的关系，在一个甚至连理解共通体的能力似乎也已经丧失了的时刻（但共通体不就是在理解之外的？），尤其需要这样的反思，最后，涉及共产主义（communisme）[3]或共通体这样的语词看似包含的语言之瑕疵，因为我们发觉，它们承担的含义，全然不同于那些从属于（哪怕他们以不论什么样

---

1 乔治·巴塔耶，1952 年 1 月 23 日的笔记，见《全集》（第五卷）(*Œuvres complète*, tome V)，Paris: Gallimard, 1973, 483。——译注（如无特殊说明，本书脚注均为译注）

2 也可译为"共同体"。在南希和布朗肖重新彻底反思之后，尤其在后面重新厘定之后，我们提议将这个词翻译为"共通体"。参见我们编译的相关著作，尤其是南希所著的《解构的共通体》一书。

3 联系 communauté 的词根，我们也可将 communisme 重新翻译为"共通主义"。

的形式否认从属于）一个团体、一个群体、一个议会、一个
集体的人所共有的（commun）东西。[1]

共产主义，共通体

共产主义，共通体：这些术语之为术语，乃是就历史，
就历史的宏大误算，以一个大大超出了毁灭的灾异（désastre）
为背景，让我们认识到了它们而言。不是名声受辱或遭到背
叛的概念，它们并不存在，而是一旦失去了其专有—非专有
的（propre-impropre）[2]离弃（这个词并不是简单的否定）就显得
不"合适的"概念——这些都不允许我们拒绝或者哪怕是心
平气和地回避它们。不管我们想要什么，我们都与这些语词
联系在一起，而且恰恰是因为这些语词的瑕疵。我在写这篇
文章时，正好读到埃德加·莫兰（Edgar Morin）几句许多人都

---

1 参见让-吕克·南希在第4期《意外》（Aléa）杂志上发表的文章《非功效的共通体》（La
Communauté désoeuvrée）。——原注

该文和同名的著作已经收录在《解构的共通体》一书中。参见让-吕克·南希，《解
构的共通体》，夏可君编校，郭建玲、张建华等译，上海：上海人民出版社，2007，11-
71。即将重版的中译本改名为《无用的共通体》。另，此处"非功效"和"无用"所对应的
法语单词即 désoeuvrée，本书保留了这个词的第三种译法"无作"，以强调它和 œuvre（作
品/劳作）的关系。

2 或译为"本有—非本有的"、"成己—去己的"。

会产生同感的话："共产主义是我一生中的主要问题和首要经验。我从没有停止在它所表达的憧憬中承认自己，而且，我至今相信另一个社会和另一种人性的可能性。"[1]

这些简单的肯定可能听起来有些幼稚，但是，在它的直率中，它说出了我们所不能逃避的东西：为什么？这种总是以这样或那样的方式陷入自身之不可能的可能性如何呢？

共产主义，如果说平等是它的基础，只有全人类的需要都平等地得到满足（这就其本身而言只是一个很小的要求），共通体才可能存在，那么，共产主义预设的不是一个完美的社会，而是一种透明的人性的准则，这种本质上只为自身而生产的人性，就是"内在的"（immanente）人性（如南希所言）：这种人对人的内在性，也把人指定为了绝对内在的存在，因为他是或者不得不成为如此，以至于他完全成了作品，他的作品，而且，最终，一切的作品；就像赫尔德（Herder）所言：没有什么是不能被他造就的——从人性到自然（一直到上帝）都是如此。最终，就没有什么可剩下的了。

然而，绝对内在性的这一迫切要求是为了回应所有那些

---

1 《国际圣甲虫》（*Le Scarabée international*）杂志，第 3 期。——原注

东西的消解：它们阻止人（假定他有本己的平等和规定）将自己设定为纯粹的个体现实，一种越是向一切敞开，就越是封闭的现实。个体声言其自身具有不可让渡的权利，除了自身，它拒绝任何其他的起源，他对任何与另一个不同于自身的个体有关的理论依赖都持漠然的态度，也就是说，他只对自身的不断重复感兴趣，不论是在过去，还是在未来——因此，他既是必死的，又是永生的：之所以必死，是因为他若不让渡自己，就没有能力让自己不死；之所以永生，是因为他的个体性就是他的内在生命，这个生命自身是无限的。（因此，如果将斯蒂纳［Max Stirner］和萨德［Marquis de Sade］的思想化约为某些原则，他们是不可反驳的。）

共通体的迫求：乔治·巴塔耶

共产主义和个体主义之间的相互依赖性，被反革命思想的最严厉的追随者（德·迈斯特尔［de Maistre］等）和马克思所取消了，我们则要导入相互性这个概念的问题。但是，如果人与人的关系停止作为**同者**（le Même）与**同者**的关系，而引入**他者**（l'Autre），并且，这个不可还原的**他者**，一直与那个考虑**他者**的人，在其平等中保持一种不对称性，那么，一种彻底不同的关系就强行提出了自身，并强加了社会的另一种形式，而这种形式，我们几乎还不敢命名为"共通体"。或者我们接受这个称呼，就要问自己：在这个共通体的思想中，什么是它的关键？以及，共通体，不管它存在与否，最终是否总要设定共通体的缺席（absence）？这正是巴塔耶那里发生的情形，他经过不止十年的时间，试图在思想和实践中，完成共通体的迫切要求，然后发现自己并不孤独（他虽然孤独，但这种孤独是可分享的），而是置身于一个缺席的共通体（communauté d'absence），那缺席的共通体时刻准备着把自身转变为共通体的缺席（absence de communauté）。"完美的脱轨（向着边界之缺席的离弃）是共通体之缺席的规则。"或者："任何人都有资格属于我的共通体之缺席。"（引自《反对一切等待》[*Contre toute attente*]杂志）[1] 我们至少要留心"我的"这个表示所属关系的形容词所带来的悖论：共通体的缺席如何依旧是我的，除非它是"我的"，就像我的死亡是不可

---

[1] 乔治·巴塔耶，《要么接受，要么放弃》（À prendre ou à laisser），见《全集》（第十一卷）（*Œuvres complètes*, tome XI），Paris: Gallimard, 1988, 130-131。此文曾发表于《第三队列》（*Troisième convoi*）杂志（1946 年 11 月第 3 期）。

更改的，只能毁灭对任何一个人的一切从属关系，同时还有一直隶属于我的专有关系的可能性？

我不想重复南希在这一点上对巴塔耶的研究，他已经表明，巴塔耶本人"毫无疑问已经进入了共通体之现代命运的决定性经验的最深处"[1]。在这里所做的任何重复都会简化并因此削弱一个有可能被文本的引用所更改甚至颠倒的思想进程。然而，我们无论如何必须看清一个事实：巴塔耶并不忠于他自己，不可避免的突变迫使他在保持自身的同时不断地成为另一个人，去发展其他的追求，而这些追求抵制融合，因为它们要么回应了历史的变化，要么回应了那些不愿自我重复的体验的穷尽。如果不考虑到这一点，我们就不能真正理解他的思想。显而易见，（大约）从 1930 年到 1940 年，"共通体"一词在巴塔耶的研究中的影响超过了之后的时期，就连《被诅咒的部分》(*La Part maudite*)，以及之后的《情色》(*L'Érotisme*)（它特权化了某一种交流的形式）的出版也扩展了这一几乎类似的主题，但这两本书的主题无论如何都不能归到之前的主题中（还有一些文本，如未完成的《至尊性》[*La*

1　让-吕克·南希，《非功效的共通体》，见《解构的共通体》，同前，32。

Souveraineté]、未完成的《宗教理论》[*Théorie de la religion*])。
可以说，政治的迫切要求从未缺席他的思想，虽然采取的是
不同的形式，这些形式与内在和外在的紧迫感有关。《有罪者》
(*Coupable*)开头的句子就清楚表明了这一点。在战争的压力
下写作并不就是要去写战争，而是在战争的视域内部写作，
仿佛战争是一个与人分享床榻的伙伴(假定战争留给了我们
一个位置，一个自由的边缘)。

为什么是"共通体"？

为什么是这个发自"共通体"的召唤或这个对它的召唤？
让我随意列举我们自己历史中的一些要素吧：那些团体(其
中超现实主义团体是为人们所热爱或憎恨的原型)；那些围
绕尚不存在的观念或层出不穷的领袖人物集合起来的各种组
织；还有，对苏维埃的记忆，对已经出现的法西斯主义的不
祥预感，但对法西斯主义的意义及其生成尚没有可供使用的
概念，因而使得人们或者简单地看到它普通而可悲的一面，
或者指出了它重要而令人吃惊的一面，却不会深入地思考它，
以致同它的抗争有显得薄弱的危险——最后(虽然它本可以

最先到来），还有令巴塔耶如痴如醉的社会学研究，从一开始，社会学研究就不仅给予了巴塔耶某种认知，而且给出了对共通存在(être communautaires)的种种模式的(很快被抑制的)怀念，那些模式的重现虽然很有诱惑力，但我们不应忽视这一重现的不可能性。

不完满原则

我重复，对于巴塔耶而言，这个问题：为什么是"共通体"？他给出的回答是相当清楚的："每一个存在(être)的根基上，有着不充分性(insuffisance)的原则……"[1] (不完满原则)。请注意，那命令并安排了一个存在之可能性的东西，成了一个原则。因此，这样的匮乏(manque)原则上不与一种完满的必要性携手共行。一个存在，不充分地存在着，并不试图与其他存在相联系以产生一个完整的实体。对不充分性的意识源于存在对其自身的质疑，从根本上，存在需要他者或他物，好让自身得以实现。如果存在只是独自一个，它

1　乔治·巴塔耶，《内在体验》(*L'Expérience intérieure*)，原话略有不同，见《全集》(第五卷)，同前，97。

就封闭了自身，落入睡眠和平静之中。一个存在要么是孤独的，要么只当它不存在之时才知道自己是孤独的。"每一个存在的实体都毫不懈怠地被其他存在所质疑，甚至一道表达爱意和崇拜的目光也把它自身依附于我，如同怀疑触及了现实。"[1] "我不独自思考我所思考的东西。"[2] 在此，我们得到了不同动机的一种交织，它证明了分析的合理，但它的力量体现为相互联系的差异的杂乱。思想似乎只能拥挤地围绕着十字转门才成其为思想，而它的多样性却堵塞了通道。一个存在希望被质疑，而不是被认识：为了存在，它走向他者，而他者则质疑它并不时地否定它，使得它只有在褫夺中才开始存在，这样的褫夺让它意识到了（这是意识的起源）其自身存在的不可能性，意识到了持存为自身（ipse）的不可能性，或者可以说，意识到了自身是一个分离的个体：或许它将以此出存（ex-ister），将自身经验为一种总是先行的外在性，或经验为一种彻底破碎的生存，只有当它不断地在沉默中猛烈地自我解体时，它才能整合自身。

---

1 乔治·巴塔耶，《迷宫》（Le Labyrinthe），见《全集》（第一卷）（Œuvres complètes, tome I），Paris: Gallimard, 1970, 434。

2 乔治·巴塔耶，《神圣的密谋》（La Conjuration sacrée），原话略有不同，同上，445。

因此，每一个存在的生存召唤一个他者或诸多他者。（这个召唤好像一条反应链，需要一定数量的元素才能产生，尽管当数量不可确定时，它很可能会在无限中丧失自身，就像宇宙只有在自身的无限中通过去除自身的界限才能构成一样。）因此，它召唤一个共通体：一个有限的共通体，因为共通体反过来会在构成自身的诸存在的限度（finitude）中拥有自身的原则，而诸存在不会容许（共通体）遗忘对限度的承受，因为正是限度使它们达到了一种更大的张力。

在这里，我们发现自己正在努力克服种种不易解决的困难。共通体，不管有多少（从理论和历史上说，共通体数量不多——僧侣们的共通体、哈西德派的共通体［和基布兹[1]式共通体］、贤哲们的共通体，着眼于"共通体"的共通体，或者情人们的共通体），似乎都为自身设定了一种共通（communion）的，甚至融合的趋向，也就是说，一种欢腾，它聚合了各个元素，只是为了构成一个统一体（一个超个体），而这个统一体，也把自身暴露给了那些闭锁在其内在性当中的单独个体的简单考虑所产生的相同的异议。

1　kibboutzim，以色列的带有资本主义色彩的农业合作社。

共契？

共通体能够向它的共通（communion）敞开自身（当然，这是基督教圣餐仪式所象征的共契［communion：灵契］了），有一些分散的例子：圭亚那的不祥的集体自杀所证实的迷狂的群体；融合的群体，如同萨特在他的《辩证理性批判》（*La Critique de la raison dialectique*）中所命名和分析过的（关于两种社会性［socialité］形式之间的这一过分简单化的对立，有许多要说：系列——作为数目的个体；融合——自由意识仅仅通过在运动的整体里失去或发扬自身而得以存在）；军事群体或法西斯的群体，群体中的每个成员都把他的自由或他的意识交给了**首领**（Tête），那个**首领**化身为自由或意识，且没有被斩首的危险，因为它按定义是不可企及的。

让人激动的是，正是巴塔耶——他的名字对于很多读者而言意味着迷狂（extase）的神秘，或是对迷狂体验的非宗教寻求——排除了（把一些模糊的句子放在一边[1]）"在某个集体

1　在战前出版的《艺术手册》（*Cahiers d'art*）上，"共同统一"（unité communielle）的观念已见诸关于神圣者的研究，也许夹杂在劳拉的一些表达中。"神圣者乃是交流"这句话同样如此，它产生了双重的解释。还有，"共通、融合、迷狂要求打破壁垒……"——这些在并非为了出版的笔记中都有粗略的记录，但是，我们不能忽视它们，因为它们所表达的东西具有灼热的、不可抵挡的必然性。——原注（转下页）

性实体当中的融合式完成"（如南希所言）[1]。那是巴塔耶所深深反感的。我们不要忘了，他考虑的与其说是让人忘记（自身在内的）一切的迷醉状态，还不如说是一个迫切要求的过程，而这个过程，为了实现自身，开动并外置了一种并不充分且无法取消如此不充分性的生存，一种毁灭了内在性和超越性之惯常形式的运动。（关于这个主题，我想请读者去看我的著作《无尽的谈话》[*L'Entretien infini*]。）

因此（我承认，说"因此"有点仓促了），共通体不应让自身迷狂，也不应让其成员溶入一个高度统一的整体，这会在取消自身作为共通体的同时，废除它自己。无论如何，共通体不是一种复多之存在（ être à plusieurs ）的共享意志在它为自身描绘的界限内进行的简单的共享（ mise en commun ），哪怕这样的意志一无所为，也就是说，只保持分享"某种"似乎总已经逃离了分享之可能性的"东西"：言语，沉默。

（接上页）"神圣者乃是交流"，"共通、融合、迷狂要求打破壁垒……"，分别见乔治·巴塔耶，《全集》（第五卷），同前，507, 538。

劳拉（Laure, 1903—1938），原名科莱特·佩妮奥（ Colette Peignot ），法国女作家，巴塔耶的秘密团体"无头者"的成员之一，与巴塔耶有过一段情人关系，是后者的小说《天空之蓝》（ *Le Bleu du ciel* ）中的人物 Dirty 的原型。

1　让-吕克·南希，《非功效的共通体》，见《解构的共通体》，同前，29。

当巴塔耶激发"每一个存在的根基上"不充分性的原则时，我相信我们毫无困难地理解了他所说的话。但事实上并非如此容易。究竟是关于什么的不充分性？要维持这种不充分性吗？这些显然都不是关键。我们在动物界也会看到出于自我利益的或无私的互助，这不足以构成单纯的群体共存的思想基础。牧群的生活可以说是等级制的，但一个隶属于另一个的关系依然是一种从不个体化的均一性（uniformité）。不充分性不能从充分性的模式里推出。它寻求的不是终结这种不充分性的东西，而是一种匮乏的过度（excès），这样的匮乏会随着它的自身满足而加深。无疑，不充分性需要受到质疑，但即使是我独自一人的质疑，也总是对其他人（或他者）的外露（exposition）——因为只有他者能够凭其位置（position）将我带入游戏。如果人的生存是一种要把自身根本地、不断地置于问题之中的生存，那么，它不可能自身单独具有那种总是超越了它的可能性，否则，问题就总是缺乏一个问题（自身批判明显只是对他者批判的拒绝，一种自身充分的方式同时也为自己保留了不充分性的权力，自身的降低也是自身的高扬[1]）。

---

[1] 按照不充分性原则的命令来行事的人，注定也要过度。人是一个不充分的存在，过度是他的视域。过度并不是过量，也不是过于丰富，而是匮乏的过度，是匮乏所导致的人之不充足性的从未得到满足的需要。——原注

他人之死

那么，是什么让我最为根本地成了问题呢？不是我与我自身的关系——不管这种关系是作为限度，还是作为死亡面前或为了死亡的存在之意识——而是我向着他人（autrui）的在场，并且，那个他人，在他的死（mourant）中，让他自身缺席了。在一个因为死而明确地自身远离的他人的临近中保持在场，把他人之死作为唯一关切于我的死亡而亲自加以承担，这把我置于我自己之外，唯有如此的分离，能够在它的不可能性当中，让我向一个共通体的**敞开**（Ouvert）敞开。巴塔耶写道："一个活着的人，看到同伴死去，就只能在自身之外（hors de soi）继续活下去了。"[1] 沉默的交谈：握着"另一个死去的人"的手，"我"追逐他，不是为了简单地帮助他去死，而是为了分享（partager）事件的孤独，那似乎是他最为本己的可能性，是其不可分享的拥有之物，在那里，死绝对地褫夺了他。"是的，那是真的（什么真的？），你正在死。独自，死着，你不独自远离自己，你还一直在场，因为在这里，你

---

1 乔治·巴塔耶，《有用性的界限》（La Limite de l'utile），见《全集》（第七卷）（Œuvres complètes, tome VII），Paris: Gallimard, 1976, 245。

授予了我这个死，如同一种超越了所有痛苦的和谐，在这里，我在令人心碎的东西里轻轻地战栗，与你一起失去了言语，与你一起死却没有你，让我自己死在你的位置上，接受这个超越你我的礼物。"对此有一个回答："在使你活的幻觉中而我死去。"对此有一个回答："在使你死的幻觉中而你死去。"[1]

死者的邻人

这就是奠定共通体的东西。没有那在每个人身上停止其存在之权力的最初的和最后的事件(出生，死亡)的共享，就没有共通体。共通体为什么要假装固执地只维持"你和我"这样的不对称关系，而悬搁了亲密的表达方式(tutoiement)？为什么超越性的关系一旦引入，就会取代权威性、统一性、内在性，使它们面临外部(dehors)的迫切要求，虽然外部并非其主导的领域？"没有人独自死去，如果从人的角度说，成为死者的邻人是如此地重要，那么，这是为了用一种哪怕极为荒诞的方式，分担那个死着的时候，撞上了死于当下之不可能性的人的角色，并用最为温柔的禁令，阻止他下滑。

1　莫里斯·布朗肖，《诡步》(*Le Pas au-delà*)，Paris: Gallimard, 1973, 169。

不要现在死去;不要有此时此刻的死。'不要',这最后的言辞,禁令,变成了抱怨,一个结结巴巴的否定:不要——你将死去。"[1] 如果共通体允许自己通过重复这些有关死的话语,而从其界限出发进行言说,那么,它会说些什么?

这并不意味着共通体确保了一种非必死性。似乎可以说:我不会死,因为我所从属的共通体(或是祖国,或是宇宙,或是人类,或是家族)继续了下去。情形恰好相反。让-吕克·南希说:"共通体并不在主体之间编织不死的或跨越生死的至上生命之线……共通体在构成上……注定了我们也许错误地称之为其'成员们'的人的死亡。"[2] 实际上,"成员们"返回了一个充分的统一体(个体),它会根据一种契约来组合自身,或是出于必然的需要,或是出于对血缘和种族关系的认可,甚至是出于宗族的联系。

共通体和非功效

注定死亡,共通体"不像注定其作品那样注定死亡"[3]。

1　莫里斯·布朗肖,《诡步》,同前,148。

2　让-吕克·南希,《非功效的共通体》,见《解构的共通体》,同前,30,有改动。

3　同上,有改动。

它"也不操作这种变容，即把死者改头换面，变成什么实体或主体——比如祖国、故土、民族……绝对的法伦斯泰尔或神秘的组织……"[1] 无论如何，我跳过了一些本质的语句，来到了这个对于我而言最为决然的肯定："如果共通体被他人的死亡所揭示，那是因为死亡本身就是终有一死的存在构成的名副其实的共通体：其不可能的共通。共通体由此占据了这个独一的位置：它承担了其本己内在性的不可能性，作为主体的共通存在的不可能性。共通体以某种方式承担并铭刻共通体的不可能性……共通体就是向它的成员们呈现他们的必死真相（也可以说，没有什么由不死的存在构成的共通体……）。它是对限度和奠定有限之存在的无可挽回之过度的呈现……"[2]

在这反思的时刻，有两个本质的特点：（1）共通体不是一种受到限制的社会形式，它同样不倾向于共通的融合；（2）它不同于一个社会细胞，它不允许自己生产作品且不以任何生产价值为目的。它服务于什么？无所服务，除非是要体现那种对他人的至死的服务，这样，他人就不会孤独地迷失，而

1　让-吕克·南希，《非功效的共通体》，见《解构的共通体》，同前，30，有改动。
2　同上，31，有改动。

是从中得到弥补，同时也为另一者带来了这本是给他自己的弥补。致死的替代取代了共通。巴塔耶写道："……共同的生活有必要在死亡的高度上维持自身。大量的私人生活的命运乃是琐碎。但一个共通体只能在死亡之强度的层面上持续；一旦忽略了危险所特有的伟大，它就会解体。"[1]考虑到其内涵，一个人会希望把某些术语（伟大、高度）抛到一边，因为如果共通体不是诸神的共通体，那么，它也不是英雄们的共通体，或至尊者的共通体（就像在萨德那里，对过度享乐的寻求不以死亡为界限，因为被给予或被接受的死亡让享乐变得完美，同样也让那个在死亡中得到了至尊之高扬的**主体**自身封闭，从而完成了至尊性）。

共通体和书写

共通体并非**至尊性**（ Souveraineté ）的所在。它是一个通过自身外露而展露的东西。它包含了那排斥它的存在的外在性。这是思想无法掌控的外在性，哪怕它被赋予了各式各样的名称：死亡，同他人的关系，或者言语——这样的言语不

1　乔治·巴塔耶，《有用性的界限》，见《全集》（第七卷），同前，245-246。

以言说的方式层叠起来，因此也不允许同它自身建立任何（同一性的或他异性的）关系。由于共通体为每个人——既为我，也为了它自身——支配了一个作为其命运的自身之外（hors-de-soi），也就是说，它的缺席，所以，它产生了一种必然多样化却不可分享的言语，如此以至于它无法在言语中发展自身：总已经丧失，没有用处，没有作品，且不在那样的丧失中赞扬自身。因此，言语的礼物，这份"纯粹"丧失的礼物，并不能保证自己被他者所接受，即便只有他者让如果不是言语（parole），至少也是那携带着拒斥、遗落、不被接受之风险的言说（parler）之吁求，成为可能。

由此可预感到，共通体，在它的失败中，已与某一类型的书写（écriture），部分地联系了起来，那一类型的书写只寻求最后之词："来吧（viens），来吧，来了（venez），命令、祈祷、期待所不适合（convenir）的您或你。"[1]

1　关于"来"（Viens）这个词，我们不得不想起雅克·德里达那本令人无法忘却的著作《论新近在哲学中升高的末世音调》（*D'un ton apocalyptique adopté naguère en philosophie*, Paris: Galilée, 1983），特别是下面的句子，与我们上面所引用的话（引自我的著作《诡步》［译按：莫里斯·布朗肖，《诡步》，同前，185］）有异曲同工之处："在其肯定的音调中，'来'本身表达的既不是欲求，也不是命令、祈祷、要求。"还有一个反思也需要在此提出："末世的启示之音难道不是所有话语，甚至所有经验、标记、踪迹的一个先验条件吗？"也就是说，能否在共通体当中，先于一切的理解（entente），听到（entendre）作为其条件的末世的启示之音？也许能。——原注

如果有可能——这并不可能；我想说我缺乏手段——在这共通体的回忆中，追随乔治·巴塔耶的思想历程，那么，我们可以重新发现这几个阶段：（1）寻求一个共通体，哪怕这个共通体作为团体而存在（在此情形下，对它的接受与一种同等的拒绝或排斥有关）。几乎所有成员都"心怀不满"的超现实主义团体，在其不充分性当中，依旧是一个引人注目的尝试：对它的归属意味着几乎立即形成一个暴力地取消它的反对的团体。（2）"反攻"（Contre-Attaque）是另一个团体，有必要仔细地研究其紧迫之所在，如此的紧迫使得它只能在战斗中，以行动的存在方式持续下去。某种意义上，"反攻"只存在于街道（这是五月风暴的一个预兆），也就是说，只存在于外部。传单飘散，不留痕迹，而它由此肯定了自己。它允许政治"纲领"的自我宣传，尽管为之奠定基础的东西，是思想的反叛，是对超哲学（sur-philosophie）的心照不宣的含蓄回答，正是那超哲学使得海德格尔不仅没有（暂时地）拒绝国家社会主义，而且从中确认了一个希望，即德意志懂得如何继承希腊的主导的哲学天命。（3）"无头者"（Acéphale）[1]。

---

[1] 这是巴塔耶在1937年左右与几个朋友结成的一个神秘的准宗教性团体，它不问政治，而且是反基督教的，带有很强的尼采思想的烙印。

我相信，它是巴塔耶所唯一看重的团体，多少年来，它仍作为一种极端的可能性，铭刻在他心中。"社会学学院"（Le Collège de sociologie）虽然重要，但绝不是"无头者"的对外显现：学院呼唤脆弱的知识，它让其成员和听众参与的工作，不过是反思并认识那些被官方机构所部分忽视了的课题，但官方机构和学院并非互不相容，尤其是因为这些机构的主宰，在形形色色的伪装下，已是学院的创始人了。

无头者的共通体

"无头者"一直披着神秘的面纱。那些参与其中的人并不确定自己是其中的一分子。他们从不提起，或者，其言语的继承者都持有一种仍然坚定地维持着的审慎。以"无头者"的名义出版的文字并没有揭示这个团体的范围，只有几句稍有提及，但许久之后也还让那些写下它们的人深感震惊。共通体的每个成员不仅是整个的共通体，更是诸存在之整体的激烈的、失调的、爆裂的、无力的化身，这些存在倾向于完好地生存，结果得到了它们已提前坠入其中的虚无（néant）。每个成员只有通过分离的绝对（l'absolu），才能形成团体；而分离需要肯定自身，以便打破关系，直至生成关系，一种悖谬的，甚至无意义的关系，因为这是同排除一切关系的其他绝对（l'autres absolu）建立的绝对的关系。最后，"秘密"（secret）——它意味着如此的分离——不能在森林中被直接找到；在那森林里完成了一个欣然同意的祭品的献祭，祭品准备从那个只有通过死才能赐予死亡的人手里接过死亡。这很容易让人想起《群魔》（Les Possédés）和一个个戏剧性的突变，在突变期间，为了巩固同谋者的团体，一个人所犯下的谋杀的责任，注定会把那些存有私心的人一个接一个地束缚在对一个共同的革命目标的追求上，那目标的确应把他们合而为一。被置入作品的献祭的戏仿不是为了摧毁某一压迫的秩序，而是为了把毁灭重新引向另一压迫的秩序。

就团体的每个成员不再只对团体负责，而且也对全人类的生存负责而言，无头者的共通体，不可能只在它的两个成员身上实现自身，因为所有的成员都在里头拥有一个平等且整全的部分，如在马萨达（Massada）[1]，他们觉得自己有义务被抛入虚无，而那虚无同样是共通体的化身。这是荒谬的吗？

---

1 马萨达曾是耶路撒冷第二圣殿时期犹太人反抗罗马军队的最后堡垒。相传马萨达沦陷前夕，城中的居民为了不做奴隶而选择了集体自杀。

是的，但不仅仅是荒谬的，因为它意味着同团体的法则决裂，那法则建构了它，把它暴露给超越它的东西，而不让如此的超越只是团体的超越，即把它暴露给外部，而这外部也是团体之独一性的亲密关系。换言之，共通体，通过对它自身的组织，通过把一个献祭之死亡的执行作为谋划给予自身，将会弃绝它对作品制作的弃绝，哪怕是死亡的作品，甚至是死亡的模仿。在其最为赤裸的可能性当中，死亡的不可能性（刀是为了割开牺牲品的喉咙，它也在同一个运动里割下了"处决者"的头），将悬置非法的行动，直至时间的尽头，而最为被动的被动性（passivité）的激昂，就在那行动里得到了肯定。

献祭和离弃

献祭（sacrifice）：这是乔治·巴塔耶所执迷的一个概念，然而，如果它没有从历史和宗教的阐释，持续地滑向它自身在那个让它向他者敞开并暴力地与它自身分开的东西里面临的无限之迫求，那么，它的意义将充满迷惑性。献祭贯穿了爱华姐夫人，但没有在那里表达自身。《宗教理论》断定："献祭不是杀戮，而是离弃和给予。"[1] 把自身与无头者联

1　乔治·巴塔耶，《全集》（第七卷），同前，310。

系在一起，就是离弃并给出自身：把自身完全地献给无限的离弃。[1] 就这样，为了奠定共通体，献祭瓦解了共通体，把共通体交给了时间（temps）这一分配者，时间不允许共通体或那些献身于共通体的人获得任何形式的在场，由此把他们遣回了孤独，孤独根本没有保护他们，而是分散了他们或驱散了自身，不让他们重新找到自己或聚集起来。礼物（don）或离弃（abandon）最终导致了无所给予（donner）、无所放弃（abandonner），并且，时间本身也只是这个"无所给予"如绝对者之变化无常一般献出自身并撤回自身的众多方式之一，那绝对者，通过产生某种他异于自身的东西，而以缺席的形式，出离了自身。如此的缺席，以一种受限的方式，适用于共通体，并且会是共通体那明显不可把握的唯一之秘密。共通体的缺席并非共通体的失败：缺席属于共通体，它是共通体的极端时刻，或是把共通体暴露给其必然之消失的考验。无头者是对那些不可分享、不可归为己有、不可为以后的离

1　人们用礼物迫使接受者回赠剩余的权力或声望——因此，人们从未给予。礼物（don）是离弃（abandon），它让被离弃的存在（être abandonné）献身于失去，而没有任何回返之心，没有任何算计，没有任何防备，直至失去其有所馈赠的存在：因此，在离弃的沉默中，产生了一种无限的追求。——原注

弃而保留的东西的共同体验。僧侣们放弃了自己之所有，甚至放弃了自己，将自己交付给共通体，而共通体反过来使他们在上帝的庇护下重新成为一切的拥有者；基布兹也是如此，共产主义的种种实际的或乌托邦的形式也是如此。无头者的共通体不可能这样存在，而只能作为悬临（imminence）或隐退（retrait）：比一切临近更近的死亡的悬临；那不许任何人从中撤退的东西的先行隐退。所以，对头（Tête）的剥夺不仅排除了头所象征的东西的首要性，也就是说，领袖，合理的理性，算计，尺度和权力，包括象征的权力，也排除了排除本身，因为那样的排除把自身理解为一个将以坠落的形式恢复其优先性的精妙的、至尊的行为。斩首，本就应该让"激情的无尽的 [没有法则的] 释放"[1] 成为可能，而只有通过已然释放的激情，通过那些在认可自身之解体的不可言明的共通体当中自身肯定的激情，斩首才得以完成。[2]

1　乔治·巴塔耶，《柏拉图主义和萨德主义当中的恶》（Le Mal dans le platonisme et dans le sadisme），见《全集》（第七卷），同前，370。

2　我们知道，陀思妥耶夫斯基的小说《群魔》或《鬼》取材于一个卑微的政治事件，虽然这个事件在其他方面可能意义重大。我们也知道，弗洛伊德对社会起源的思考使他将犯罪（梦中的犯罪或完成的犯罪——但是对于弗洛伊德而言，犯罪都是必然的、真实的、实现了的）看作乌合之众走向有秩序、有规则的共通体的途径。杀死乌合之众的头领，会让这个头领成为一个父亲，而乌合之众则结成为一个群体，其成员则转（转下页）

内在体验

所以，无头者，在存在之前，在曾经存在的不可能性当中，属于灾异，灾异不仅仅超出了它，超出了它被认为代表的整个宇宙，而且超越了任何可被命名为超越性(transcendance)的东西。当然，召唤"释放的激情"看起来幼稚，仿佛这样的激情是可以提前自由支配的，并被(抽象地)赐予了任何一个献身于它们的人。能够在逃避分享的同时得以分享的唯一"情感元素" [1]，保留了死亡之悬临的迷人价值，也就是说，时

（接上页）变为儿子和兄弟。"犯罪主宰了群体、历史和语言的诞生。"(欧仁·昂里凯 [Eugène Enriquez]，《从乌合之众到国家》[De la horde à l'État]，Paris: Gallimard, 1983) 如果我们看不出弗洛伊德的空想和无头者的追求之间的差别的话，我们就会犯一个基本的错误(至少是在我看来)：(1)在无头者中，死亡的确在场，但是谋杀回避了死亡，哪怕是以献祭的形式。从一开始，牺牲者就欣然同意，但仅仅同意是不够的，因为唯一能够赐予死亡的人，是那个在赐予死亡的同时死去的人，也就是说，他会替代自愿的牺牲者。(2)如果只有两个成员接受召唤(某种替罪羊)，为了偿赎众人的罪恶而流血牺牲，共通体是建构不起来的。每个人都应该为所有人死去，正是在所有人的死亡中，每个人决定了共通体的命运。(3)但把一个献祭之死亡的执行作为谋划给予自身，意味着打破团体的法则，其首要的要求就是弃绝作品的制造(哪怕是死亡的作品)，其本质的谋划就是排除一切的谋划。(4)然后是一条完全不同的献祭途径，它不再是对一个人或所有人的谋杀，而是礼物和离弃，是离弃的无限。斩首，对头的褫夺，并不触及领袖或父亲，它不把他者确立为兄弟，而是把他们交给"激情的无尽的释放"，将他们带入游戏。无头者与灾异之预感的联系超越了一切形式的超越性。——原注

1 乔治·巴塔耶，《尼采编年史》(Chronique nietzschéenne)："把一种迷人的价值赋予了共同之生存的情感元素就是死亡。"见《全集》(第一卷)，同前，489。

间的迷人价值：时间炸碎了生存，把生存从一切在它身上保持为奴性的东西里迷狂地解放出来。因此，无头者的幻觉是共同亲历的离弃的幻觉，是给出迷狂的终极苦恼的离弃，也是向此苦恼的离弃。死亡，他者的死亡，如同友谊或爱情，廓清了亲密性的或内在性的空间，这个空间（在乔治·巴塔耶那里）绝不是一个主体的空间，而是界限之外的滑移。"内在体验"（l'expérience intérieure）所说的东西，与它看似要说的正好相反：它是一个质疑的运动，出自主体，毁坏了主体，但把一种同他者的关系作为了更深的本源，那同他者的关系就是共通体本身，而这共通体之为共通体，就是让一个把自己外露给它的人向他异性的无限性敞开，同时又决断出其严厉的限度。共通体，平等者的共通体，让它的成员经受了一种未知的不平等性的考验，如此以至于它不让一个人臣服于另一个人，而是让他们在这责任的（至尊性的？）全新关系里，可以被不可通达之物所通达。即便共通体排除了那在共通之昏厥中肯定每个人之丧失的直接性（immédiateté），但它仍提出或强加了对不可认知之物的认知（经验，Erfahrung）：这"自身之外"（hors-de-soi）或"外部"（le dehors）就是不断地作为一种独一关系而存在的深渊和迷狂。

要在《内在体验》里寻找无头者的共通体当中不能发生，甚至不可尝试的东西，这明显是一个诱人的虚妄之举。但已然开动的事情要求以一本书的悖谬形式得以重现。某种意义上，启示（illumination）的不稳定性需要在它能够得到传播之前把自身外露给他者，目的不是在他者身上获得某一客观的现实（这将立刻使之丧失本性），而是通过在他者身上分享自身，让自身遭受质疑（也就是说，通过另一方式得以陈述，甚至根据内带的否认来取消自己），而对自身进行反思。因此，共通体的迫切要求依然存在。如果不交流自身，如果不首先作为交流的无根据之根据（fond sans fond）而给出自身，那么，迷狂，独自地，就什么也不是。乔治·巴塔耶一直认为，如果**内在体验**被限定于一个足以承担事件、屈辱和荣耀的单独的个体，那么，它便不能发生：**内在体验**在完成自身的同时坚持它的未完成，那时，它分享自身，并在这样的分享中，展露它的界限，且于它提议僭越的界限之内，外露自身，仿佛要通过如此的僭越，让一个法则之绝对性的幻觉或肯定突然地出现。那法则逃避了任何一个意图独自僭越它的人，因而预设了一个共通体（一种理解或一种共同的协定，哪怕是两个单独之存在的暂时的协定：他们用寥寥数语打破了体验

的独一特点所看似包含的**言说**［Dire］的不可能性；其唯一的
内容：那如此得以完成者，不可传达，唯一值得努力的事情
就是不可传达之物的传达）。

　　换言之，不存在单纯的体验。还必须支配种种的条件，
没有这些条件，体验就不可能（处在了其不可能性当中），正
是在这里，共通体显得必要起来（"苏格拉底学院"［Collège
socratique］的计划只能失败，只能作为一种无法自身实现的
共通体尝试的最后喘息而得谋划）。此外，"迷狂"本身就是
交流（communication），是对孤立之存在的否定；孤立的存在
于此暴力的打断中消失，同时也意图用那打破其孤立，直至
让它向无限敞开的东西来高扬自身或"丰富"自身——其实，
所有这些肯定，它们被说出来，似乎只是为了遭受质疑：孤
立的存在是个体，而个体只是一种抽象，一种在日常自由主
义的脆弱观念里得以表征的生存。为了把人从那个用分离来
残损他的理论和实践中解放出来，也许没有必要诉诸一个像
"迷狂"这样难以界定的现象。存在着政治的行为，存在着一
个所谓哲学的使命，存在着一种伦理的追索（道德的要求并
不困扰巴塔耶，同样也不困扰萨特，不同的是，对巴塔耶而
言，这一要求具有先行性，但对萨特来说，在"存在与虚无"

的重压下，道德只能是后继的、附随的，因此是提前顺从的）。

然而，当我们（在巴塔耶死后发表的笔记里）读到"迷狂的目的是孤立之存在的否定"[1]时，我们明白，这个回答的不完美，与一个朋友（让·布律诺［Jean Bruno］）提出的问题的形式有关。相反，有证据——强有力的证据——表明，迷狂没有目的，也没有原因。它同样不质疑任何确定性。只有把这个词（迷狂）小心翼翼地放在引号内，我们才能写下它，因为没有人知道它是关于什么的，并且，首先，没人知道它是否发生了：它超出了知识，暗示了非知（non-savoir），它拒绝被人肯定，除非是通过一些无法担保它的任意的言词。其最为关键的特征是：那个经历了它的人，当他经历之时，再也不在那里，因此，再也不在那里来把它经历。同一个人（但他不再是同一个人了）会相信，他在过去重新捕获了它，就像捕获记忆一样：我记得，我想起，我在溢出并动摇一切回忆之可能的狂喜里言说或写作。所有的神秘主义者，最严格的神秘主义者，最节制的神秘主义者（首先是圣十字若望[2]），

---

1 乔治·巴塔耶，1940 年 10 月的笔记，见《全集》（第五卷），同前，536。

2 圣十字若望（saint Jean de la Croix，1542—1591），西班牙修道士，加尔默罗修会的神秘主义者。

已经知道，回忆，它被视为个人的，只能显得可疑，并且，归属于记忆，它与要求逃避记忆的东西并驾齐驱：超越时间的记忆，或对一个从未在当下得到亲历（因此，陌异于一切体验[Erlebnis]）的过去的记忆。

对秘密的分享

同样，正是在这个意义上，最个人的东西不能保持为一个人独自的秘密，因为它打破了个人的边界，要求被分享，更确切地说，要求被肯定为分享（partage）本身。分享重新提及了共通体，它在共通体当中得以外露；它会在那里将自身理论化——这是它的风险——成为一个能够被人持有的真理或对象，而共通体，如让-吕克·南希所言，只把自身保持为这样一个位置——虚位（non-lieu：非位置）——其中，没有什么要持有的东西，它的秘密就是没有秘密，它只在无作之中工作，那样的无作甚至贯穿了书写，或在一切公开的或私下的言语交流中，让最终的沉默发出回响，但在沉默中，从来不能确定一切是否最终结束了。不存在一个由限度（finitude）所支配的终点（fin：目的）。

　　如果，按照共通体的原则，我们得到了生存的未完成性或不完满性，那么，此时此刻，我们得到了那抬高它，以致它冒险在"迷狂"中消失的东西的标记，也就是说，它在那精确地限定它的东西当中的完成，它在那使它缺席并无效的东西当中的至尊性，它在从此适合它的唯一交流当中的延伸，这交流途经了书文的不适合性，那时，书文的不适合性将自身铭写于作品，只是为了肯定一种即便不被作品所够及，也还纠缠着作品的无作。共通体的缺席终结了诸群体的希望；相反，作品的缺席，需要作品并假定了作品，以让作品在无作的吸引下铭写自身；作品的缺席乃是转折，它与战争的毁坏相一致，将关闭一个时代。乔治·巴塔耶时而声称，除了《眼睛的故事》(*L'Histoire de l'œil*)和《论花费》(*Essai sur la dépense*)，他之前所写的一切——也许只记得部分——只是书写之追求的夭折了的前奏。这是白昼的共通体——同时也是夜晚的共通体(《爱华妲夫人》[*Madame Edwarda*]、《小东西》[*Le Petit*] ⋯⋯)或一本痛苦万分的日记的笔录(它被写下而没有任何发表的意图)，除非夜晚的交流，这不自身言明，把日期填早，只以一个不存在的作者为依据的交流，打开了共通体的另一种形式，那时，为数不多的朋友，每一个都是独一的，且彼此之间没有任何强制的关系，意识到了他们所面对或投身其中的例外事件，用他们所共享的沉默的阅读，秘密地形成了共通体。说不出什么与之相称的东西。没有什么与之相伴的评论：顶多是一个密码（就像，顺便说一句，劳拉有关**神圣者**的已经发表并秘密留传的文字[1]），它向每个人交流，仿佛是唯一的一样，它不重新建构曾经梦想过的"神圣的密谋"，它不打破孤立，而是在一种被人共同经历且注定了（面对未知者的）未知之责任的孤独中加深它。

书文的共通体[2]

书文交流的理想共通体。种种形势有助于它（运气、偶然、历史的变化无常和相遇都很重要；安德烈·布勒东［André Breton］已在其他所有人之前预见了它，甚至还过早地加以理论化）。如果必要，一个人可以在一张桌子周围（这让人想起了犹太逾越节匆忙的参与者）把几个读者见证人聚集起

---

1 劳拉，《神圣者》（Le Sacré），见《劳拉文集》（*Écrits de Laure*），Paris: Pauvert, 1979, 81-137。

2 la communauté littératre，也可译为"文学的共通体"。但是，南希强调这个词不仅仅是文学意义上的，也是书写、写作和文字意义上的。参见让-吕克·南希，《解构的共通体》，同前，111-125。

来，然而，相比于战争的巨大挑战——那场战争以各种名义席卷了几乎所有人并把他们暴露给让人深信不疑的迅速的消失——他们并非全都意识到了这个把他们集中起来的脆弱事件的重要性。这就是，某件事情已经发生，并且，这件事情，由于独一之生存所固有的误解，暂时地允许人们承认一个预先确立的，同时又是死后遗留的共通体的可能性：它不会留下什么，这让心灵悲伤，也让心灵激昂，正如书写所要求的涂抹的考验。

乔治·巴塔耶已简单地(或许太过简单，但他并没有忽视这一点)说明了，在他眼中，或在他心里，共通体的迫求根据内在体验而强行提出自身的两个时刻。当他写到"我同我朋友们的指导是有动机的：每个存在，我想，单凭自身是无法走到存在之尽头的"[1] 时，这一断定意味着体验不会为独一无二者而发生，因为它的特点就是打破特定者的特定性，并把后者外露给他人：所以，它本质上为了他人而存在。"如果我想让我的生命拥有一种针对我的意义，那么，它必须对其他人也有意义。"[2] 或者："我必须时刻刺激我自己走向极限，

1　乔治·巴塔耶，《内在体验》，见《全集》(第五卷)，同前，55。

2　同上。

必须时刻在我自己和其他那些我渴望进行交流的人之间制造一种差异。"[1] 这暗示了某种含混：有时并且同时，体验只有保持可交流性，才能够如此（"走向极限"），而它是可以交流的，只是因为它本质上就是一种向着外部的敞开，一种向着他人的敞开，这样的运动激发了自我和他者之间的一种强烈的不对称关系——分裂和交流。

所以，两个时刻可以被分析为不同的，虽然它们通过相互摧毁而假定了彼此。例如，巴塔耶说："我所说的共通体是那样的东西，它的存在其实源于尼采的生存（他是它的要求），而尼采的每一位读者都通过逃避瓦解了它，也就是说，通过不解决他提出的谜（甚至不阅读这个谜）。"[2] 但巴塔耶和尼采之间存在着一个巨大的差异。尼采强烈地渴望被人理解，有时还自豪地确信自己背负着一个太过危险或太过优越，以致不受欢迎的真理。对巴塔耶而言，友谊（amitié：友爱）属于"至尊的操作"（opération souveraine）；《有罪者》最初以"友谊"为副标题，这不是随便的安排；友谊，说真的，难以定

1　乔治·巴塔耶，《内在体验》，见《全集》(第五卷)，同前，55。
2　同上，436。

义：为一个人自身一直走向消解的友谊；一个人对另一个人的友谊，作为通道，作为一种从必要的不连续性出发的连续性的肯定。但阅读——作品的无作之劳作（travail désœuvré de l'œuvre）——没有从中缺席，虽然它有时属于迷醉的眩晕："……我已经饮了太多的酒。我请求 X 从我随身所带的书中读一段话，他大声地读了（据我所知，没有人比他读得更嶙峭简洁，更热情洋溢、庄严肃穆了）。我喝多了，不再记得他读的究竟是哪一段。他和我一样喝多了。要是认为烂醉如泥的人所进行的这一阅读只是一个惹人恼火的悖论，那就错了……我相信，我们在阅读中融为一体，我俩，毫无防备地——通过诱惑——向着毁灭的力量敞开，但我们并不勇武鲁莽，而是像怯懦的天真从未离弃的孩子一样。"[1] 对此，尼采很可能永远不会赞同：只有在疯狂的时刻，他才离弃了自己——崩溃——而如此的离弃，通过自大狂的补偿运动，在表露自身的同时，得到了延长。巴塔耶向我们描绘了一个其参与者已为我们所知（但这并不重要）且不一定会公开的场景（然而，它维持着一种匿名的审慎：对话者未被指明，但他以

---

[1] 乔治·巴塔耶，1939 年 9 月 10 日的笔记，见《全集》（第五卷），同前，497-498。

这样一种会让其朋友们认得，又不说出其名字的方式得到了展示；他是友谊,同样也是朋友），然后是这个（另一天写下的）肯定："神无所事事。"[1] 如此的不作为（non-agir）就是非功效的特征之一，而友谊，连同酩酊大醉的阅读，正是让 - 吕克·南希要求我们反思的"非功效的共通体"的形式，虽然我们不能仅仅停留于此。

然而,我（终有一天）将回到这里。但在那之前,必须记得,读者不是一个就他所读的东西而言自由自在的单纯的读者。他被渴望、被爱恋,也许是无法忍受的。他不能知道他所知道的,他知道甚于他不知道。作为一个伙伴,他把自己离弃给了离弃,他自己已经失去,同时,他留在路边,为的是更好地梳理那正在发生并因此逃避他的事。或许,这就是那些狂热的文本所说的东西："我的同类！我的朋友！如同不透风的房子,窗户落满了灰尘:双眼紧闭,眼睑睁开！"[2] 再往后一点:"那个我为之写作的（我所熟悉的）人,他将不得不哭

1　这句话紧接巴塔耶 1939 年 9 月 10 日的笔记,日期不详,见《全集》(第五卷),同前,498。

2　乔治·巴塔耶,《内在体验》笔记,题为"献给任何一个想要真正理解我的人"（À qui veut bien m'entendre）,同上,447。

着说出他对自己刚刚读到的东西的同情，然后，他会大笑，因为他已经认出了他自己。"[1] 但接着："如果我可以知道——察觉并发现——'那个我为之写作的人'，我就想象我会死去。他会鄙夷我，配得上我。但我不会死于他的鄙夷：幸存需要重量。"[2] 这些运动只是表面上显得矛盾："那个我为之写作的人"是一个无法认识的人，他是未知者（l'inconnu），而同未知者的关系，即便是在写作中，也把我暴露给了死亡或限度，那样的死亡在自身中没有什么可让死亡平息的东西。那么，友谊呢？友谊：献给没有朋友的未知者的友谊。[3] 或者，如果友谊通过书写召唤共通体，那么，它只能把自己从它自身当中排除出去（献给排除一切友谊的书写之迫求的友谊[4]）。但为何有这样的"鄙夷"？那个"配得上我"（digne de moi）的人，让我们承认他是一个活生生的个体，他将屈尊俯就至低卑的极限，也就是说，落入那使他配得上我的唯一不配（indignité）之经验：某种意义上，这是恶的至尊性，或遭到废黜的至尊

---

1 乔治·巴塔耶，《内在体验》笔记，题为"献给任何一个想要真正理解我的人"，见《全集》（第五卷），同前，447。

2 同上。

3 见莫里斯·布朗肖，《诡步》，同前，181。

4 同上，51。

性，它再也不能被分享，并用鄙夷来表达自身，它抵达了那让它活着或幸存的贬损。"虚伪啊！要写作，要真诚并赤裸，没有人能做到。我也不想这样做。"[1]与此同时，这本书的开头几页写道："这些笔录像阿里阿德涅的线团一样把我和我的同伴们联系起来，其余的在我看来徒劳无益。但我不能把它们给我的任何一位朋友阅读。"[2]因为那是私人朋友的私人阅读。由此产生了一本不对任何人倾诉的书的匿名性，如此的匿名性，通过同未知者的关系，创建了巴塔耶（至少有一次）所称的"否定的共通体：那些无共通性者的共通体"[3]。

心或者法则

人们可以说，在这些看似含混的笔记里，那指定了自身——也取消了自身——的东西，就是一个没有界限的思想的界限；这个思想需要"我"，以便至尊地打破自身，且需要排斥这样的至尊性，以便向一种交流敞开自身，而那交流是不可分享的，因为它途经了共通体的废除。这里有一个绝望

1　乔治·巴塔耶，《有罪者》笔记，见《全集》（第五卷），同前，533。

2　同上，251。

3　乔治·巴塔耶，1952 年 1 月 23 日的笔记，同上，483。

的运动，其目的，是让至尊者否认至尊性（至尊性总被那个
"化身"为一切的唯一者所言说或体验的强势所玷污），并通
过不可能的共通体（带有不可能性的共通体），实现一种"与
交流基础的悬搁相连"[1]的重大交流的可能。那么，"交流的基
础"不一定是言语，甚或作为言语之根据或打断的沉默，而
是向着死亡的外露，不再是我自己的死亡，而是他人的死亡：
他人的活生生的、最切近的在场已是永恒的、不可承受的缺
席，一种任何哀悼的工作都无法削弱的缺席。并且，他人的
这一缺席，不得不在生命本身当中，得以遭遇。正是伴着如
此的缺席——伴着它那奇异的，总被一种消失所预先威胁的
在场——友谊开动了起来且每时每刻都在失去，这是一种没
有关系的关系（rapport sans rapport），或者，一种只以不可通
约者（l'incommensurable）为关系的关系（对此，没有理由问
自己，是否必须真诚、老实、忠心，因为它事先就代表了联
系的缺席或离弃的无限）。这就是、这会是那发现了我们自
己所是之未知的友谊，以及我们恰恰无法独自体验的自身之
孤独的相遇（"单凭自身是无法走到存在之尽头的"）。

---

1 乔治·巴塔耶，《有罪者》笔记，见《全集》（第五卷），同前，566。

　　"离弃的无限"，"那些无共通性者的共通体"。在这里，我们或许触及了共通体经验的终极形式，在那之后，就没有什么可说的了，因为它不得不通过对其自身的忽视来认识自身。问题不是隐退到无名或秘密里。如果巴塔耶曾经的确怀有一种被其朋友们离弃的感觉（特别是在战前），如果后来的几个月之内（《小东西》[1]），疾病迫使他保持疏远，如果，某种意义上，他越无力承受孤独，就越深刻地体会了孤独，那么，他只是更好地明白了，共通体并不注定要治愈他的孤独或让他远离孤独，但通过共通体这一方式，他被暴露给了孤独，不是出于偶然，而是作为兄弟情谊的拳拳之心：心或者法则。

1　巴塔耶在《小东西》的《厕所》（W.-C.）一文里写道："我深居简出，只走田野小道，避开大路，怕会撞见朋友。"见《全集》（第三卷）（*Œuvres complètes*, tome III），Paris: Gallimard, 1971, 61。

2. 情人的共通体

> 没有回头路，也没有救星，这是爱的唯一法则，也
> 是离弃的唯一法则。
>
> ——让-吕克·南希[1]

在这里，我以一种看似随意的方式，引入了一些写好的
文字，其唯一的念头是陪伴自己对玛格丽特·杜拉斯的一篇
几乎新近的（但日期并不重要）记述（récit）[2]的阅读。无论如
何没有一个清晰的想法，那篇记述（自身充分的，也就是说
完美的，也就是说无路可出的）把我引回到了一个在别处得
以追寻的思想；这个思想，审问着我们的世界——世界是我
们的，因为它不是任何人的——乃是出于一种遗忘，不是对
幸存于世的种种共通体（它们实则增多了）的遗忘，而是对那
个或许纠缠着共通体，却在它们身上遭到了几乎确然之抛弃

1　让-吕克·南希，《被离弃的存在》（L'Être abandonné），见《解构的共通体》，同前，293。

2　玛格丽特·杜拉斯，《死亡的疾病》（Le Maladie de la mort），Paris: Minuit, 1982。——原注

　　中译本见《坐在走廊里的男人》，马振骋译，上海：上海译文出版社，2012，37-69。

的 "共通" 之追求的遗忘。

五月风暴

五月风暴已经表明，没有规划，没有密谋，在一次突如其来的幸福相遇里，如在一场打乱了人所承认并期待的社会形式的盛宴上，爆炸性的交流（communication explosive）能够（超越一切通常的肯定形式）把自身肯定为一种敞开，允许每一个人，不管阶级、年龄、性别或文化的区分，加入最先到来者，如同加入一个已被爱上的存在，恰恰因为他是未知的熟知者（le familier-inconnu）。

"没有规划"：这是一种无与伦比的社会形式的既痛苦又幸运的特征，那种形式让人捉摸不透，它不求幸存、不求建立自身，甚至都不经过形形色色的 "委员会"，那些 "委员会"冒充着一种混乱的秩序、一种并不精确的专业化。与 "传统的革命" 相反，问题不是单纯地夺取权力并用另一权力取而代之，不是占领巴士底狱、冬宫、爱丽舍宫或国民议会，抑或所有无关紧要的目标。问题甚至不是推翻旧的世界，而是让一种共在（être-ensemble）的可能性，在一切功利主义的得

失计较之外，得以彰显。如此的共在，通过一种让每个人欢
欣鼓舞的言论自由，在博爱中，恢复了所有人的平等之权利。
每个人都有东西要说，有时，还有东西要写（在墙上）。具体
是什么？这倒不重要。**言说**（le Dire）胜于所说（le dit）。诗歌
是日常的。"自发的"交流，就它看似无所保留而言，不过是
一种同它自身的透明的、内在的交流，它抛开了一切争吵、
争论、争辩，在那里得到表达的，与其说是算计的理性，不
如说是一种近乎纯粹的欢腾（无论如何，没有任何轻视，既
没有高傲，也没有低卑），——这就是为什么，人们会预感到，
随着权威遭到推翻，更确切地说，遭到忽视，一种之前从未
经历过，并且任何意识形态都无法收回或宣称己有的共产主
义，将宣告自身。不是变革的严肃尝试，而是一种天真的在
场（正因如此，它是极不寻常的）：这种在当权者看来无法分
析的在场，只能被烂摊子（chienlit）[1] 这样典型的社会学措辞
所诋毁，也就是说，只能是其自身之混乱的狂欢节式的翻倍，
一个命令的翻倍，这个命令，不再命令任何东西，甚至不再

1　该词源自 chie-en-lit（在床上拉屎），一般指"狂欢"、"混乱"。但 1968 年"五月风
暴"期间，戴高乐把这个词当作一个污秽的双关语来使用："La réforme oui, la chie-en-lit
non"（可以改革；不要乱来）。

命令自己，只能视而不见地注视着自己莫名其妙地毁灭。

天真的在场，"共同的在场"（commune présence）[1]：它无视它的界限，它是政治的，因为它拒绝排斥任何东西，因为它意识到了，它本身就是普遍直接者（l'immédiat-universel），它把不可能之事作为其唯一的挑战，但它没有毅然决然的政治意志，并因此听任自己被人们禁止反抗的正规体制的任何爆发所摆布。正是这一反抗的缺席（尼采可以说是它的启发者）允许了敌对势力的发展，虽然遏制或克服这样的势力并不难。一切都被接受。识别一个敌人的不可能性，考虑一种特定的敌对形式的不可能性：这创造了生机，但也加快了解决，虽然没有什么需要解决，因为事件已经发生。事件？它发生了吗？

人民的在场

曾在那里，仍在那里，这在场的模糊性——它被理解为立刻实现了的乌托邦——因此没有未来，因此没有当下：悬

---

1 勒内·夏尔（René Char）诗集《无主之锤》（*Le Marteau sans maître*）中一首诗的名字，也是他后来一部诗集的名字（Paris: Gallimard, 1964）。

而未定，仿佛是为了向其通常之决定的一个彼岸，敞开时间。人民(peuple)的在场？对这得意之词的依赖已遭滥用。或者，它不能被理解为种种准备做出特定的政治决断的社会力量的整体，而必须被理解为：它们本能地拒绝承担任何权力，它们绝对地怀疑自己会认同一种委派的权力，因此，它们宣告了它们的无能。由此产生了一个个含糊不清的委员会，(我已说过)它们成倍地增长，假装在尊重无组织的同时，把无组织组织起来，并且不该与"无数匿名的大众，与自发游行的人民"(乔治·普雷利)[1] 区别开来。如此的存在之难，属于无行动的行动委员会，或那些朋友构成的圈子：他们否认先前的友谊，是为了唤起此在(être là)之迫求所传递的友谊(无所预备的同志情谊)，不是作为个人或主体，而是作为一场兄弟般无名的非个人运动的示威者。

"人民"在其无限的力量中在场，而那样的力量，为了不限制自身，接受了一无所为(ne rien faire)。我想，在当代，没有什么比这用至尊的规模来肯定自身的例子更为清楚

1　乔治·普雷利(Georges Préli)，《外部的力量》(*La Force du dehors*)，Fontenay-sous-bois: Encres, 1977。——原注

的了，当人们列队纪念夏洪尼惨案[1]的死难者时，一个静止的、沉默的群体便聚集起来，而人数是没有必要去清点的，因为它不能再多，也不能再少：它整个地全在那里，无法清点，不可计数，甚至不是一个封闭的总体，而是一个超出了一切整体的全体，它迫使自己平静地超越了自己。这是至高的力量（puissance），因为它包含了其实质的和绝对的无力（impuissance），而不觉得自己遭到了削弱；如此的无力表现为一个事实，即它是作为那些再也无法在这里的人（夏洪尼地铁站的遇害者）的一种延伸而在这里的：此乃回应有限之召唤的无限，它在与有限相对立的同时，也使有限延续。我相信，此时就有一种共通体的形式，它不同于那个我们认为其特征已然确定的共通体，在这个时刻，共产主义（communisme）与共通体（communauté）结合了起来，并同意忽视一点，即它们在迅速地失去自身的同时得到了实现。它不得持续，它不得参与任何形式的持续。这在那个例外的日子里得到了理解：没有人必须下达解散的命令。但出于那把无数人聚集起来的相同的必要性，人们分开了。人们瞬间分开了，没有任

1　1968 年 2 月 8 日，巴黎举行了抗议 "秘密军组织"（OAS）和阿尔及利亚战争的示威游行，但遭到了警方镇压，有九名示威者死于夏洪尼地铁口。

何残留，没有任何感伤的后续：那样的后续会通过假装保持战斗队形，而让真正的示威变质。人民不是这样。他们在这里，他们再也不在这里；他们忽视任何能把他们固化的结构。在场和缺席，如果没有混同，至少也发生了实质的互换。对那些不愿承认它的掌权者而言，这正是其可畏之处：它不让自身被人把握，它既消解社会的现状，又倔强固执地用一种不受法律限制的至尊性来重新发明现状，因为它在否认现状的同时，也把自身维持为现状的基础。

情人的世界

在那个只能用"人民"（不要把它译作德语的 Volk）这一如此轻易地遭受误解的词语来命名的东西的无力之力量，与这个由朋友或情侣组成的，总准备着消解自身的反社会的社会或联合的陌异性（étrangeté）之间，的确有一道任何修辞的骗术都无法掩盖的深渊。然而，某些特征，既让它们相互接近，又让它们相互区分：人民（首先，如果一个人避开了对它的神圣化）不是国家（Etat），同样不是具有种种功能、法则、规定和要求（这些东西构成了其最已有的目的性）的人格化的社会。它是惰性的、静止的，与其说是一种聚集，不如说是一种在场的始终紧迫的散布，这样的在场暂时占据了整个空间且无论如何没有一个位置（乌托邦）；它是一种弥赛亚主义，这种弥赛亚只宣布它的自主和它的无作（只要它依靠自身，如果不是迅速地改变自身并成为一个准备爆发的力量体系的话）：这就是人类的子民（peuple），它可被视为上帝的子民的不纯之替代（鉴于《出埃及记》，这十分类似于以色列儿女的聚集，如果他们在忘记离开的同时团结了起来），或者，使之等同于"无名力量的枯燥的孤独"（雷吉斯·德布雷［Régis Debray］）。那一"枯燥的孤独"恰恰证明了它同乔治·巴塔耶所说的"情人的真正世界"[1]之间的比照关系的合理性，虽然巴塔耶敏锐地注意到了日常社会与这样一个世界所假定的"社会纽带的隐秘松解"[2]之间的对抗。这个情人（amants）的世界乃是世界的遗忘：它肯定了诸存在之间的一种如此独一的关系，以至于爱（amour）本身对它而言都不是必要的了，因

1　乔治·巴塔耶，《巫师的学徒》（L'Apprenti sorcier），见《全集》（第一卷），同前，531-532。

2　乔治·巴塔耶，《有死之存在的爱》（L'Amour d'un être mortel），见《全集》（第八卷）（Œuvres complètes, tome VIII），Paris: Gallimard, 1976, 496。

为爱——顺便说一句，从不确定——会在一个圆环中强行提出它的要求，在那里，对爱的执迷甚至采取了爱之不可能性的形式，它成了这些人的无感觉的、不确定的痛苦：他们已然失去了"爱的理智"（但丁）[1]，但仍渴望走向他们用任何活生生的激情都无法靠近的唯一之存在。

死亡的疾病

这样的痛苦就是玛格丽特·杜拉斯命名的"死亡的疾病"（la maladie de la mort）吗？当我被这谜样的题目所吸引，开始阅读她的书时，我并不知道答案，幸运的是，我可以说，我仍不知道。这允许我再一次，仿佛是第一次，开始阅读和评述，两者是相互澄清和遮掩的。首先，"死亡的疾病"这个题目怎样？它或许是从克尔凯郭尔那里来的，[2]似乎全凭自身持守或保卫着它的秘密？只要被人念出，一切就都被说了出来，但一个人还是不知道要说什么，因为知识（savoir）并不

1　参见但丁，《神曲·炼狱篇》，第二十四章，田德望译，北京：人民文学出版社，1997，317："告诉我，我在这里是否见到了那位以'懂得爱情的女生们'这首诗开始，创作出新体诗的人。"这里的"懂得爱情"亦可译为"拥有爱的理智"。

2　这是指克尔凯郭尔的《致死的疾病》（La Maladie mortelle）。

合它的尺度。诊断抑或判决？在它的克制里，有一种过分。这是恶的过分。恶（道德的或肉体的恶）总是过度的。它是不可承受者，它不让自身遭受审问。过度的恶，作为"死亡的疾病"的恶，不能被限定为一个有意识或无意识的"我"；它首先关注他者（l'autre），而他者——他人（autrui）——是无辜者，是孩子，是病人，他们的呻吟回荡着，如同"闻所未闻的"丑闻，因为它超出了理解（entente：聆听），并让我献身于对它的回应，哪怕我没有回应的权力。

这些评论没有让我们远离那个已被提出，更确切地说，已被强加的文本——因为它是一个叙述的文本，而不是一篇记述，哪怕它看起来如此。一切都被一个最初的"你"（Vous）所决定："你"不只是独裁者，询唤并决定了那个已然落入命运之无情陷阱的人将要或能够遇到什么事。方便起见，让我们说，正是导演的"你"把指示给了演员，演员不得不让自己将要化身为的那个转瞬即逝的形象从虚无中浮现出来。好吧，但接着，它必须被理解为一个至高的**导演**：《圣经》中的**你**，从高处而来，以先知的方式确定了我们所穿越的情节的大概框架，但我们并不知道什么样的事情已为我们而规定。

"你不会认识她，虽然同时在什么地方见过她，在旅馆中，

在马路上，在列车里，在酒吧里，在书里，在电影里，在你
自己身上……"[1] "你"从不对她说话，"你"对她没有权力，她
是不确定的、未知的、不真实的，因而在其被动性当中无法
攻占，在其催人入睡的、永远转瞬即逝的在场中缺席了。

根据最初的阅读，一个人将作出解释：很简单，一个男
人，他从来只知道他的同类，也就是说，只知道其他的男人，
那些男人不过是他自己的增生；一个这样的男人，还有一个
通过一种有偿的合约，与他相连的女人。这几晚的合约，这
一生的合约，让草率的批评家谈起了一个妓女，虽然她自
己明确表示她不是，但有一个合约——纯粹的合同关系（婚
姻、金钱）——因为她从一开始就已经预感到，虽然不是清
楚地知道，那个失去了爱之能力的男人，只能在一次交易结
束后，有条件地接近她，正如她表面上完全地离弃了自己，
但只是离弃了她身上签了合约的部分，她维护或保留了她不
曾让与的自由。由此，可以得出结论：关系的绝对性，从一
开始，就遭到了扭曲，并且，在一个商业社会里，诸存在之

1　这是我从书里引用的。由此，我希望把注意力唤向一个其起源逃避了我们的声音的
　特征。——原注

　　玛格丽特·杜拉斯，《死亡的疾病》，见《坐在走廊里的男人》，同前，39，有改动。

间的确有交易（commerce），但从不是一个真正的"共通体"（communauté），从不是一种超出了"优良"举止之交换的认知，哪怕这些举止达到了可以想象的极致。在力的关系里，正是支付者或维持者被他自己的权力所统治、所挫败，他的权力只是度量了他的无力。

如此的无力绝不是一个虚弱的男人的平庸的无力，他面对着一个他无法与之交合的女人。他做了自己不得不做的一切。她也用一种让人接不上话的简洁说："做了。"进而，他"心不在焉之间"激起了享乐的叫喊，"通过她的呼吸觉察她享受快感的隐约与遥远的呻吟"；他甚至成功地让她说出："多么幸福。"[1]但，由于他身上没有任何东西符合这些过度的运动（或者，他断定如此），它们对他而言似乎是不合适的，他遏制了它们，取消了它们，因为它们是一种自身展露（自身显现）的生命的表达，而他，总已经，被剥夺了那样的生命。

所以，感觉的缺失，爱的缺失，正是它们，意指着死亡，这一致死的疾病：它不公地击中了一个人，又让另一个人看似完好无损，哪怕她是死亡的信使，且对此不无责任。一个

---

1 玛格丽特·杜拉斯，《死亡的疾病》，见《坐在走廊里的男人》，同前，43。

让我们失望的结论，因为它坚持可以解释的材料，即便是受文本的邀请。

事实上，文本是神秘的，只因它不可还原。不可还原，而非它的简洁，才是其密度的来源。每个人都下定决心关心人物，尤其是年轻女子的角色：她的在场—缺席（présence-absence）使得她超出了她自己所适应的现实，几乎独自强行提出了自身。某种意义上，她独自存在。她得到了描绘：年轻的，美丽的，有人情味的，处于一道目光之下。那道目光，通过一双构想了她并同时相信自己正在触摸她的无知的手，而发现了她。此外，我们不要忘了，她是他的第一个女人，因此，凭借一种让她比现实的自己更为真实的想象，她也是所有人的第一个女人——她就在此，超越了我们为了确定其此在（être-là）而不禁赋予她的一切修饰语。还有这句话（它是有条件地为真的）："她会是个身材修长的人。亭亭玉立，妖娆柔软，像由上帝自己一次浇铸而成，个性突出，不可磨灭的完美。"[1] "像由上帝自己"，因此是夏娃或莉莉丝（Lilith），但没有一个名字，这与其说是因为她隐姓埋名，不如说是因

---

1 玛格丽特·杜拉斯，《死亡的疾病》，见《坐在走廊里的男人》，同前，46，有改动。

为她似乎离得太远，以至于没有什么名字适合她。还有两个特征赋予了她一个任何真实之物都不足以限定的现实：她毫无防备，最为弱小，最为脆弱，她用身体暴露自己，而身体被不停地献了出来，如同面容，那在其绝对的可见性当中，成为其不可见之明证的面容——她因此召唤谋杀（"紧抱、强暴、虐待、侮辱、恨恨地叫喊、全身的与致死的热情一发不可收拾"[1]），但，由于她的弱小，由于她的脆弱，她不能被杀死，她事实上被一道禁令所保存：这道禁令，让她在始终如一的裸体中，在最亲近又最遥远的裸体中，在不可通达的外部的私密中，变得无法触摸（"你望着这个形体，你同时发现地狱般的威力［莉莉丝］、可憎的脆弱、软弱、无比软弱的不可战胜的力量"[2]）。

让她既在此又不在此的在场的另一特征是：她几乎总在沉睡，如此的沉睡，甚至没有被她发出的言语，没有被她无权提出的问题，所打断，并且，首先没有被她念出的最终判决所打断，正是通过这个判决，她宣布了那构成其唯一命运

1　玛格丽特·杜拉斯，《死亡的疾病》，见《坐在走廊里的男人》，同前，46。

2　同上，52。

的"死亡的疾病"——不是未来的死亡，而是从一开始就被超越了的死亡，因为它是对一种从未到场的生命的离弃。让我们准确地理解这点（关键是理解，而不是聆听我们的无知）：唉，我们没有直面这个日常的真理——我死了而不曾活过，不曾做任何事情，除了一边活着一边死去，或者，我忽视这个死亡，它在一种不可能觉察的缺失中，成了那被还原为我独自一人且提前失去了的生命（这或许是亨利·詹姆斯的小说《丛林猛兽》[*La Bête dans la jungle*]的主题，玛格丽特·杜拉斯不久前把它翻译出来并搬上了舞台："他是一个什么事都不会找到他门上来的人物。"[1]）。

"她在房间里睡觉。她睡觉。你 [这个难以平息的'你'，在一个先于一切法则的义务里，确认或维持着它对之诉说的那个男人] 不叫醒她。她的睡眠在蔓延的同时，房间里的不幸在增长……她总是睡得很平稳……"[2] 神秘的睡眠，它不得不被破译，正如它不得不被尊重，这样的睡眠就是她的生活方式，并阻止了一个人知道有关她的任何事情，除了她的在

1　见亨利·詹姆斯，《黛西·密勒》，赵萝蕤、巫宁坤等译，上海：上海译文出版社，1985，276。

2　玛格丽特·杜拉斯，《死亡的疾病》，见《坐在走廊里的男人》，同前，44-45。

场—缺席；她的在场—缺席与风无关，与男人向她描述的大海的邻近无关，海的白色无法与巨大的床铺的白色分开，床铺就是她生命的不受限制的空间，是她的领域和暂时的永恒。可以肯定，一个人有时会想到普鲁斯特的阿尔贝蒂娜，当她沉睡的时候，叙述者——端详着她的安睡——便与阿尔贝蒂娜最为接近了，因为那时的距离让她远避生活的谎言和粗俗，允许了一种理想的交流：只有作为理想的东西，它才是真实的，它被还原为空幻的美，理念的徒然之纯粹。

但不像阿尔贝蒂娜，或许又像阿尔贝蒂娜，如果我们想到了普鲁斯特的未遭揭露的命运，那么，这个年轻的女子便永远与世隔离，因为她藉以献出自己的可疑的亲密，她的与众不同，属于另一物种、另一类别或另一个绝对的他者。（"你只明白死人的体态优雅，你同类的体态优雅。突然，死人的体态优雅与此时你眼前的体态优雅对你显露出来；后者的体态优雅具有最终的弱点，仿佛一挥手就可以把身上的这种权威摧毁。你发现在这里，在她身体里酝酿死亡的疾病，展露在你面前的这个形体宣布了死亡的疾病。"[1]）一段奇怪的话，

1　玛格丽特·杜拉斯，《死亡的疾病》，见《坐在走廊里的男人》，同前，55。

它把我们几乎唐突地引向了另一个说法、另一种读解："死亡的疾病"不再是男人的唯一责任，他忽视女性，或者，即便知道了女性，也对她一无所知。疾病同样（或者首先）在女人身上得到激发，她就在这里，并用她的存在宣布了疾病。

让我们试着在此谜题的探究（而非阐明）中更进一步。当我们企图揭露这个谜题，仿佛我们，作为读者，或者，更糟糕地，作为阐释者，相信自己摆脱了这个我们以种种方式与之搏斗的疾病时，这个谜题就显得愈发隐晦了。我们当然可以说，一个他必须做什么由"你"所决定的人，其本质恰恰只是一个持续不断的"做"（faire）。如果女人睡着了，她的被动性就成了一种迎接、一种供奉、一种屈服，然而，在她过度的疲劳当中，她独自一人真正地说话；他，从不被描述，从不被目睹，总是来来去去，总是在这个身体面前有所行动，他闷闷不乐地注视着这个身体，因为他看不见这个身体的全部，看不见其不可能的总体，其所有的方面，虽然她作为一个"封闭的形式"，只是就她逃避了叠加而言：如此的叠加会把她变成一个能把握的整体，一个会整合无限并因此把无限还原为可集成之有限的总和。那场总已经提前输掉了的战斗的意义，或许就在于此。她睡着了，而他是对入睡的拒绝，是无法休憩的焦躁：这个失眠症患者，在坟墓里也会睁大眼睛，等待着一次不曾允诺给他的苏醒。如果帕斯卡尔是对的，那么，关于两个主角，我们可以肯定，恰恰是他，在他对爱的尝试中，在他不懈的追索中，成了更为可敬的人，他更加接近他在无所发现中发现的这一绝对。他至少应该得到他在努力突破自我时所表现出来的顽强之举，但他没有打破其自身的反常准则，从中，她只看到了自我主义的翻倍（那会是一个太过仓促的判断），这在其固有的冷漠无情中显得敏锐动人的徒然落泪的禀性，对此，她冰冷地回应说："不要哭，这没必要；把你对着自己哭的习惯改了，这没必要。"[1] 而至尊的"你"似乎懂得事物的秘密，说道："你以为你因不能爱而哭。你哭是因为你不能强加死亡。"[2]

那么，这两个命运之间的差别何在：一个追求那拒绝他的爱情，另一个，通过体态的优雅，为爱而生，知道关于爱的一切，裁决并审判那些在爱的尝试中失败了的人，但她自己只是（在合约下）献出自身供人所爱，而不曾流露任何迹象

---

1 玛格丽特·杜拉斯，《死亡的疾病》，见《坐在走廊里的男人》，同前，61。

2 同上，有改动。

表明她能够从被动性一直走向无限的激情？或许，正是这样的不对称性（dissymétrie）吸引了读者的研究，因为它也逃避了作者：一个深不可测的神秘。

伦理和爱

根据列维纳斯的说法，同样的不对称性，是否标志了自我和他人之间的伦理关系的非相互性（irréciprocité）？自我和**他者**（l'Autre）从不平等，如此的不平等度量了令人难忘的言语：**他人**（Autrui）总比我更接近上帝（不论一个人把什么样的意义赋予了这个命名不可命名者的名字）。这不是确定的，也不是清楚的。爱或许是伦理的一个阻碍，如果它没有在模仿伦理的时候，单纯地予以质疑的话。同样地，人在男性和女性之间的分配，也为《圣经》的各个版本制造了难题。这是众所周知的，没有必要等乔治·比才（Georges Bizet）来教"爱情无法无天"[1]。那么，是回归狂野吗：这样的狂野甚至不僭越任何禁令，因为它完全无视禁令？或者，是回归荷尔德林的

---

[1] 出自比才 1875 年的歌剧《卡门》（*Carmen*）中的咏叹调《爱情是一只不羁的鸟》（L'Amour est un oiseau rebelle），这是一首哈涅拉（Habanera）舞曲。

"淡泊者"（l'aorgique）[1]：它打乱了一切正义或不正义的社会关系，拒不听从任何第三者，不满足于一个由"我—你"的相互关系所主导的二元社会，而是要激唤创世之前的原始混沌，无尽的黑夜，外部（le dehors），根本的震荡？（根据斐德罗的说法，对希腊人而言，**爱神**［Amour］几乎与**混沌**［Chaos］一样地古老。[2]）

一个回答的开端可以在这里找到："你问爱的感情怎么样才能来呢。她问答你说：可能是普世的逻辑中突然破裂了。她说：比如出于一个错误。她说：从来都不是出于一个意愿。"[3] 让我们满足于这一不"知"如何是的知识。它预示了什么？它预示着，在那个要求理解的同质性（homogénéité）——**同者**（le Même）的肯定——当中，必须涌现异质物（l'hétérogène），涌现绝对的**他者**（l'Autre），而与这个**他者**的一切关系都意味着：没有关系，甚至在一场用毁灭感取消自身的、（时间之

1　荷尔德林，《恩培多克勒的根据》，见《荷尔德林文集》，戴晖译，北京：商务印书馆，2003，294："自然却相反……过渡到淡泊者（des Aorgischen）、不可思议、无从感受、无限的极端。"

2　柏拉图，《会饮篇》，见《柏拉图对话集》，王太庆译，北京：商务印书馆，2004，296："由此可见普遍认为爱神是诸神中间最古老的神。"

3　玛格丽特·杜拉斯，《死亡的疾病》，见《坐在走廊里的男人》，同前，63。

外的）突如其来的秘密相遇里，意愿，或许还有欲望，都不可能逾越不可逾越的东西了。那个或许被如此的运动剥夺了"自身"，注定要成为他者的人，无疑从未体验过什么毁灭感。这毁灭感，其实超越了一切情感，它无视悲怅，溢出了意识，打破了我自己的忧虑，并且，没有任何权利地，它要求那躲避一切要求的东西，因为，我的要求，不仅是超越那能够满足它的东西，而且是超越那被要求的东西。生命的这一抬价、夸大，不能被生命所包含：因而打破了那个总要坚持存在的主张，向着一场无休之死（mourir）或尽头之"过失"的陌异性外露了。

这也是神谕所暗示的。在文本里，神谕为之前的回答（对"爱的感情从何而来？"这个总在重复的问题的回答）补充了这一最终的答复："从什么都能来的……从死亡的来临中……"[1] 因此归还了死亡（mort）一词的双重性[2]，死亡的疾病

1　玛格丽特·杜拉斯，《死亡的疾病》，见《坐在走廊里的男人》，同前，63。

2　通过极大的简化，一个人可以在这里确证一种根据弗洛伊德（一个相当漫画式的弗洛伊德）的说法，在男人和女人之间，潜在地或公开地爆发的冲突。男人，得益于他们的同性恋倾向，不管这一倾向是否得到了升华（匿名性瘾戒除会），是群体的创造者，女人则是唯一能够谈论爱情之真相的，即爱情总是"蚕食的、排他的、过度的、可怕的"。女人知道，群体，作为**相同者**（le Même）或**相似者**（le Semblable）的重复，事实上是真正爱情的掘墓人，因为真正的爱情只靠差异活着。日常的人类群体，一个自身（转下页）

的双重性：它有时指定了受阻的爱情，有时又指定了爱的纯粹运动，两者都召唤深渊，召唤"撑开的两腿"[1]令人眩晕的空洞所揭示的黑夜（在这里，怎能不想到《爱华姐夫人》？[2]）。

特里斯坦和伊索尔德

所以，一篇以其自身的方式来叙说的记述，没有终点：不再有记述，然而有一个终点，或许是一个宽恕，或许是一个最终的定罪。因为有一天，年轻的女子恰巧再也不在这里了。如此的消失（disparition）并不引发惊讶，因为它不过是那个只在睡眠中给出自身的"显现"（apparaître）的穷竭。她

（接上页）言明并经过了完美教化的群体，"或多或少倾向于让同质的、重复的、持续的东西胜过异质的、更新的东西以及对分裂的接受"。所以，女人成了"闯入者"，她扰乱了社会纽带的平静的连续性，并且，不承认任何禁令。她同不可言明者（l'inavouable）结盟。由此，根据弗洛伊德的说法，可以识别死亡的两个方面：就文明为了维持自身而倾向于最终同质性的紊乱（最大化的熵）而言，死亡冲动在文明的内部运行。但当异质物、排外的他异性、无法则的暴力，凭借女人的主动性和共谋，把爱欲和死欲统一起来，至始至终地强加自身时，死亡冲动也一样运作（参见欧仁·昂里凯，《从乌合之众到国家》）。——原注

1 玛格丽特·杜拉斯，《死亡的疾病》，见《坐在走廊里的男人》，同前，63："在她撑开两腿的凹陷处你终于看见了黑夜。"

2 参见乔治·巴塔耶，《爱华姐夫人》，《全集》（第三卷），同前，20-21："她把一条撑开的腿高高地抬起：为了更好地打开她的裂隙……你看，她说，我是**神**。"

再也不在这里了，但如此地谨慎、如此地绝对，以至于她的缺席取消了她的缺席，寻找她是徒劳的，正如认出她是不可能的，而融入她，哪怕是在一个把她当作幻想人物的唯一念头中，也无法打破孤独，从这孤独里，传来了一个遗言的无止无尽的喃呢：死亡的疾病。这是最后的言词（它们是最后的吗？）："你很快就放弃了，你不再寻找她，城里、夜里、白天都不找。然而正是这样，你能够以你唯一能够适应的方式去体验这个爱情，在它尚未发生以前就把它失去了。"[1] 或许，这一结局，在其可叹的命运里，并未道出爱情在一个独一情形下的失败，而是说出了一切名副其实之爱情的完满，如此的爱情会以损失的唯一模式来实现自身，也就是说，在失去中实现自身，并且，不是失去那已经属于你的东西，而是失去一个人从未拥有的东西，因为"我"和"他者"并不活在同一时间里，从不（同时）在一起，因此无法同时代，而是被一个与"已经不再"（déjà plus）携手同行的"尚未"（pas encore）所分开（即便两者统一了起来）。这不就是拉康曾经说过的吗（或许是不准确的引用）：欲望意味着把一个人没有的东西

---

[1] 玛格丽特·杜拉斯，《死亡的疾病》，见《坐在走廊里的男人》，同前，65。

给某个不想要的人？[1] 这并不意味着，爱情只能以一种等待（attente）或怀念（nostalgie）的模式来亲历，这些术语太容易被还原至一个心理学的领域，这里至为重要的关系不是世俗的（mondiane）关系，因为它假定了世界（monde）的消失，甚至崩塌。让我们记住伊索尔德的话："我们失去了世界，世界失去了我们。"[2] 让我们同样记住，就连特里斯坦和伊索尔德的故事所再现的爱情关系的相互性，一种共享之爱的范式，也排除了简单的依存，排除了那种让**他者**（l'Autre）和**同者**（le Même）相互混合的统一。这回到了一个预感上：激情逃避了可能性，它为那些身陷激情的人，逃避了他们自身的权力、决断，甚至"欲望"，因为激情乃是陌异性（étrangeté）本身，它既不考虑他们能做什么，也不考虑他们想要什么，而是把他们诱入一个陌异之域，在那里，他们变得陌异于自己，进入了一种同样让他们彼此陌异的亲密。因此，永远地分开，仿佛死亡就在他们身上，在他们之间？不曾分开，不曾离别：

1　雅克·拉康，第 12 期研讨班，"精神分析的关键难题"（Les problèmes cruciaux pour la psychanalyse）。

2　约瑟夫·贝迪耶（Joseph Bédier），《特里斯坦与伊索尔德》（Le Roman de Tristan et Iseut），Paris: H. Piazza, 1900, 135。

遥不可达，且在此遥不可达中，处于无限之关系下。

这就是我在这篇没有任何奇闻轶事的记述中读到的东西，其中，不可能的爱（不管起源如何）可被转述为一种同（列维纳斯已为我们揭示的）伦理学的首要之词的类比：无限地专注于**他人**（Autrui），专注于那个被其贫乏置于一切存在之上的人，这个紧迫而灼热的义务，让一个人有所依附，成为"人质"，并且，就像柏拉图已经说过的，成为一个超越一切公认的奴役形式的奴隶。但道德是律法（loi）吗，激情蔑视一切律法吗？这恰恰是列维纳斯，与他的一些评论者相反，没有说的东西。惟当存在论（ontologie）——它总把**他者**（l'Autre）还原为**同者**（le Même）——做出让步，一种先行的关系能够肯定自身的时候，才有伦理的可能性。那先行的关系使得自我不满足于认识**他者**，在**他者**身上认出自己，而是感到**他者**总在质问自己，以至于它只能通过一种无法限定自身且超出了自身而不穷尽自身的责任来回应。此乃对**他人**的责任或义务，它不源于**律法**（Loi），而是产生了**律法**，因为它不可还原为任何合法的形式，虽然人们必定试图通过这些形式来规控它，同时又称其为任何明确表达的语言都无法说出的例外或超凡之物。[1]

致死的一跃

这样的义务不是一个打着**律法**名号的契约，而像是先于存在、先于自由，其中，自由也与自发密不可分。面对他人，"我"并不自由，如果我总是自由地拒绝那个把我从我自己当中驱逐出去并在我的界限上排除了我的迫切要求。但激情不也是这样吗？激情，不可避免地，仿佛不顾我们地，把我们抵押给了一个他者，而这个他者，看上去越是外在于加入的可能性，以至于越是超越了一切对我们而言重要的东西，就越是吸引我们。

爱情所肯定的这一跃——以特里斯坦向伊索尔德卧房的惊人一跃为象征，因为这一跃，他俩的亲近没有留下任何尘

1　一个人无法如此迅速地摆脱**律法**（Loi）的超越性或卓越性，因为**律法**，根据众所周知的神秘主义的观点，其创造不仅比世界早了两千多年，而且，它与上帝的不被命名的名字相关，上帝虽未完成这一创造，但也推动了它。由此产生了这一可怕的颠倒：**律法**（盟约）被赋予了人类，是为了让人类摆脱偶像崇拜，但它有落入偶像崇拜之仪式的危险，如果它自身就受到人们的崇拜，且不服从无限的研究，不服从其实践所要求的巧妙教导的话。但教导，反过来，不管多么地必要，仍需要弃绝它的至上性，因为施以援手的迫切要求扰乱了一切研究，并将自身强制为一种往往先行于**律法**的律法之运用。——原注

世的踪迹——唤起了"致死的一跃"：其必要性，根据克尔凯郭尔的说法，就体现为让一个人上升至伦理的层面，并且首先是宗教的层面。致死的一跃在如下的问题中形成："一个人有权以真理的名义把自己置于死地吗？"以真理的名义？这制造了一个难题：如果是为了他人，是为了帮助他人呢？柏拉图已凭一种单纯性，借斐德罗之口，给出了答案："只有相爱的人们肯为对方牺牲性命。"[1] 接着引用了阿尔刻提斯的例子：她通过纯粹的温情，替代了自己的丈夫（这真是"一个人为了他者"的"替代"），好把他从死亡的惩罚中救出。对此，蒂奥提玛——她，作为一个女人和异邦人，拥有爱神的至高知识——的确迅速地回应到，阿尔刻提斯绝没有请求替自己的丈夫去死，而是通过一个崇高的举动，获得了那将让她在死亡当中不朽的名声。并非她没有爱，而是爱只以不朽为对象。这让我们踏上了爱情所开辟的倾斜的道路，并凭此辩证的手段，一蹦一跳地前行，直达最高的灵性。

　　不论柏拉图式的爱情，这一贪婪狡计的产物，有多么重要，一个人清楚地感到，斐德罗的观念还没有遭到反驳。爱

1　柏拉图，《会饮篇》，见《柏拉图对话集》，同前，297。

情，比死亡更强大。爱情并不废除死亡，而是逾越了死亡所代表的界限，因此让死亡在帮助他人方面，显得软弱无力（这无限的运动向他袭来，在如此的紧张中，已没有时间返回并关心"自我"了）。不是为了通过美化爱情来美化死亡，而是，或许相反地，为了赋予生命一种没有任何荣耀的超越性，使之无尽地服务于他者。

我没有说，伦理和激情就此融为了一体。激情保留了其本己的方面：它的运动，几乎不可抗拒，并不扰乱自发性或欲力（conatus），相反，这是一种能够一路走向毁灭的抬价之举（surenchère）。而人们不应至少做出如下的补充吗：爱，诚然，只以他者为目的，不是他者本身，而是一个让其他所有人都黯然失色并消失的独一无二者？所以，失度（démesure）是其唯一的尺度（mesure），并且，暴力和夜晚的死亡，无法从爱的迫求中排除。正如玛格丽特·杜拉斯提醒我们的："要把一位情人杀死，要他为你留下来，为你一个人留下来，把他占有，不顾任何法律、不顾任何道德约束要把他掳去，这样的欲望你没有……？"不，他不知道。由此得出了一个难以平息的的倨傲结论:"死人真是怪得很。"[1]

他没有回答。我将避免替他作答,或者,再次回到希腊人,我将低语:但我知道你是谁。不是天上或天国的阿芙洛狄忒,只满足于灵魂(或男童)的爱;也不是尘世或人间的阿芙洛狄忒,仍然想要身体,甚至女人,好让自己通过她们,得以产生;既不只是这一个,也不只是那一个;但你还是第三个,最无名,最可怕,因此也最可爱的一个,躲在另两个背后并与之难舍难分的一个:地下或冥府的阿芙洛狄忒,她属于死亡,[2]并将那些她所选中的或任自己被选中的人,带向死亡,正如一个人在这里看到的,她把她从中诞生(并且不断地诞生)的海,意指永恒睡眠的夜,与对着"情人的共通体"述说的沉默的命令,统一了起来,好让"情人的共通体"回应不可能的迫求,将自身,一个为了他者的人,暴露给死亡的驱散。如此的死亡,按定义,没有荣耀,没有安慰,没有依靠,没有什么消失(disparition)可与之等同,或许除了那种将自身铭刻于书写的消失,因为作品,作为其漂泊,从一开始就是对作品制

1　玛格丽特·杜拉斯,《死亡的疾病》,见《坐在走廊里的男人》,同前,59。

2　参见萨拉·科芙曼(Sarah Kofman),《如何脱身?》(*Comment s'en sortir?*),Paris:Gailée,1983。——原注

作（faire œuvre）的弃绝，仅仅指示了这样的一个空间：那里，无作（désœuvrement）的总在到来的言语，为所有人，为每个人，因此也为无人，而回响着。

> 经由不朽的毒液
>
> 女人的激情得以完成
>
> （玛琳娜·茨维塔耶娃，《欧律狄刻致奥尔甫斯》）[1]

传统的共通体，选择的共通体

情人的共通体（communauté des amants）。我在那些纸页中给出的这个浪漫的标题，既不包含任何共享的关系，也不包含任何确定的情侣，它难道不是一个悖论吗？当然。但这个悖论或许确证了一个人试图用共通体的名字来指定的东西的荒谬。从一开始就有必要艰难地区分传统的共通体（communauté traditionnelle）和选择的共通体（communauté élective）（第一个共通体被强加给我们，我们在这个问题上没有决定的自由：它是现状的社会性，或对土地、对血统，甚

1　此为法文版的译法。参见《茨维塔耶娃文集·诗歌》，汪剑钊主编，北京：东方出版社，2003，292："女人的情欲，/ 中断了与不朽那毒蛇噬咬一般的关系。"

至对种族的赞颂。但另一个共通体呢？我们在如下意义上称之为"选择的"：它只能通过一个决定而存在，这一决定围绕某个选择，将其成员聚集起来，没有选择，它就不会发生；那一选择是自由的吗？或者，至少，那样的自由足以表达、肯定一种作为此共通体之真理的共享吗？），同样地，一个人会质疑那允许我们毫不模糊地谈论情人之共通体的东西。乔治·巴塔耶写道："如果这个世界没有被彼此找寻的诸存在的痉挛运动所不停地穿透……那么，它看上去就像是一个为其所诞生者而准备的笑话。"[1]但这些被召唤着把价值赋予世界的"痉挛"运动怎么样？它涉及（幸福的或不幸的）爱吗：这样的爱在社会内部形成了一个社会，并从中获得了它被认作合法的或婚姻的社会的权利？或者，它涉及一个不承担任何名字——不管是爱还是欲望——却吸引存在的运动吗：这个运动让存在脱离日常的社会，并根据它们的身体，或根据它们的心和它们的思想，将它们（成双成对地，或更为集体地）抛向了彼此？在第一个情形里（让我们把它过于简单地定义为婚姻之爱），"情人的共通体"显然用它和集体（collectivité）

1　乔治·巴塔耶，《巫师的学徒》，见《全集》（第一卷），同前，530。

达成的妥协，弱化了其自身的迫求，而集体，为了允许它持续，让它弃绝了那刻画其特征的东西：它那隐藏着"可恶之过度"[1]的秘密。在第二个情形里，情人的共通体不再关心传统的形式，或任何社会契约，哪怕是最宽松的契约。从这个角度看，所谓的妓院，或它的替代品，与萨德的城堡一样，并没有建构一种足以动摇社会的边缘性（marginalité）。相反：因为这些特殊的场所仍然合法，并且，越是受禁，就越是如此。这不是因为，爱华姐夫人作为一个年轻女子，以这样一种总而言之相当平庸的方式展现自己，把她的性器展现为其存在的最神圣的部分，以至于她同我们的世界或同所有的世界决裂了；这尤其是因为，那样的展现（exhibition）隐藏了她，把她交给了一种无法把握的独一性（准确地说，一个人再也不能把握她），就这样，在那个以一种无限的激情短暂地爱着她的男人的共谋下，她离弃了自己——正是在这里，她成为献祭的象征——把自己献给了第一个到来者（司机），而这个到来者并不知道，也永远不会知道，他已然触及最为神圣的东

1　巴塔耶激烈地写道："正规婚姻的空洞的恐怖已然锁闭了他们。"——原注

　　乔治·巴塔耶，1939 年 7 月 4 日的讲演《社会学学院》(Le Collège de Sociologie)，见《全集》(第二卷)(Œuvres complètes, tome II)，Paris: Gallimard, 1970, 372。

西，也就是说，那拒斥一切同化的绝对者。

社会的毁灭，冷漠

情人的共通体——不论情人们是否想要它，是否享受它，他们都被偶然、被"疯狂的爱"[1]、被死亡的激情（克莱斯特[Heinrich von Kleist]）所联系——将社会的毁灭作为它的本质目的。只要一个偶发的共通体在两个为彼此而生或不为彼此而生的存在之间形成，一台战争机器就设立了起来，或者，更确切地说，一个灾异的可能性：此灾异自身承担了普遍之湮灭的威胁，哪怕是以无穷小的规模。正是在这个层面上，必须考虑"剧情"：它把自身强加给了玛格丽特·杜拉斯，并且，从她想象它的那一刻起，就必然牵涉到她本人。两个存在向我们展示出来，没有欢乐，没有幸福，看似如此地分开，代表了独一性（singularité）的希望，但他们无法与别的任何人分享这个希望，因为他们不仅遭受禁闭，而且在其共同的死亡中，与死亡一起遭到禁闭；由一个人向另一个人揭示的死亡，就是他的化身，是她愿意从他那儿接受的打击，

1　见安德烈·布勒东，《疯狂的爱》（*L'Amour fou*），Paris: Gallimard, 1937。

是她徒然地渴望从他身上得到的激情之符号。当她创造这个永远与女性分开的角色（哪怕他偶然地与一个女人结合，为那女人带来了他并不分担的享乐）时，杜拉斯，在某种意义上，已经预感到，有必要超越一个磁圈，因为这个磁圈用了太多的奉承，来描绘情人的浪漫结合，但盲目地支撑情人的东西，是迷失自身的需要，而非发现自身的忧虑。然而，她再现了萨德的想象（及其生平）已为我们提供的一种可能性，那就是激情游戏的平庸典型。冷漠（apathie），无情，感官的虚设（non-lieu），以及一切形式的无能，不仅没有遏制诸存在之间的关系，而且将这些关系引向了犯罪，也就是说，麻木无感的终极的、（如果可以这样说的话）炽热的形式。但，恰恰，在我们翻来覆去，仿佛是要榨取其秘密的记述中，死亡得到了召唤，同时，又受到了贬低，无能之无能使得它到不了那里，或是因为它看起来过于合乎尺度，或是相反地，因为它抵达了一种就连萨德自己也不知道的失度。

这里是房间，是向自然敞开并对其他人关闭的密封空间，其中，在一段用夜晚来计算的模糊的时间内——虽然夜晚不会终结——两个存在试图统一起来，只是为了经历（并以某种方式庆祝）失败，那样的失败建构了其完美之结合的真理，也就是说，这个总在未完成中完成的结合的谎言。他们，不顾这些，形成了某种共通体吗？尤其是因为这些，他们才形成了一个共通体。他们挨在一起，而这样的相邻，穿越了一切形式的空洞亲密，防止他们上演一种"融合式或共契式"理解的喜剧。一座监狱的共通体：由一个人所组建，并为另一个人所赞同，其中，至关重要的东西，诚然是爱的尝试——但一无（Rien）所爱，这是一次最终只以无为对象的尝试，无不知不觉地推动着他们，并且只把他们暴露给彼此徒劳的爱抚。既非欢乐，也非仇恨，孤独的享乐，孤独的泪水，一个难以平息的**超我**的压迫，最终，一个唯一的至尊性，游荡的死亡的至尊性。如此的死亡让自身被唤起，而不被分享，一个人并不因它而死，它没有权力、没有功效、没有作品，它在它发出的嘲笑中，保持着那"无以言表的生命，你最终同意与之结合的唯一的生命"（勒内·夏尔）[1]的魅力。怎不去寻找这样一个空间：在那里，在一个从黄昏到黎明的时间跨度内，两个存在之存在的唯一理由就是把自身完全地暴露给彼此，完全地、整个地、绝对地，因此，他们的共同的孤独，

---

1 勒内·夏尔，《共同的在场》（Commune présence），见《全集》（Œuvres complètes），Paris: Gallimard, Bibliothèque de la Pléiade, 1983, 80。

不仅在他们眼前，也在我们眼中，显露无遗？是的，怎不去那里寻找，怎不到那里发现"否定的共通体，那些无共通性者的共通体"？

绝对的女性

某种意义上，必须指出：我不再完全按我应然的样子来谈论玛格丽特·杜拉斯的文本了。如果我强迫自己更少地背叛它，那么，我将再次发现年轻女子的陌异性，她总在那里，仿佛永远地，带着她的脆弱，准备迎接一切从她身上索取的东西。但刚写下这句话，我就迅速意识到，有必要表达细微的差别：她也是拒绝，例如，她拒绝用他的名字来称呼他，即拒绝让他有名有姓地存在；同样，她不接受他的泪水，对此，她只给出一个限制性的解释：她无视泪水，虽然她被保护起来，但她还是堵住了整个世界，没给他留下哪怕一丝空间；同样，她最终拒绝听他讲述孩子的故事，他童年的故事，无疑，通过这样的故事，他想辩解，他太爱他的母亲了，不能在她身上以一种乱伦的方式重新爱上母亲——那是一个对他而言独特的、对她而言平庸的故事（"这个故事她听过还读过许多次，到处可见，在许多书里"[1]）。而这意味着，她无法把自己限定为母亲，限定为母亲的替代者，因为她超出了一切将她形容为如此这般的特殊性。由此，她也是绝对的女性（l'absolument féminin），然而，这个女性，活到了濒临死亡的境地，如果他能够把死亡赐予她。所以，她接受他的一切，把他不停地关在其男性的封闭里，让他只与别的男人发生关系；她倾向于把这指定为他的"疾病"，或指定为那本身还要更为广阔的疾病的形式之一。

（同性恋，说到这个从不被人说出的名字，它不是"死亡的疾病"，它只是让"死亡的疾病"以一种略微虚假的方式出现了而已，因为有一点难以置疑，即两个存在之间，不管他们是相似的还是不相似的，情感的一切细微差别，从欲望到爱，都是可能的。）他的疾病？死亡的疾病？它是神秘的：既令人厌恶，又令人着迷。因为年轻的女子预感到了：他被死亡的疾病所击中，或者，他被一种依旧难以命名的独一性（singularité）所击中，而她接受了合约，也就是说，同意把自己与他关在一起。她还补充，他一开口，她就知道了，但她

1　玛格丽特·杜拉斯，《死亡的疾病》，见《坐在走廊里的男人》，同前，62-63。

知道而没有知识，没有命名的权力："最初几天，我不知道把这个病叫什么。后来我就能够叫了。"[1] 然而，关于这致死的疾病，她所给出的回答，不论多么地准确——这等于说：他因自己没有活过而死去，他死了，而他的死亡不是任何生命当中的死亡（他因此没有死，或者他的死亡从他身上剥夺了一种他永远不会知道的缺失）——回答都没有任何确定的价值。这还不如他，那个没有生命的男人：他在"对这事［女性的身体：那儿有生存本身］的认识"[2] 中，在对化身为生命的东西，对"这层皮肤与皮肤所包含的生命之间的这种巧合"[3] 的认识中，在对一个能够生儿育女的身体（这意味着，在他看来，她也是母亲，即便这对她而言并不是特别地重要）的冒险接近中，发起了寻找生命的尝试。这是他想试验的，试验"好几天……甚至可能整个一生"[4]。这是他所要求的，并且，当他回答这个问题的时候，他澄清了他的要求："试验什么？""你说：试验爱。"[5] 这样一个回答听起来天真并触动人

1　玛格丽特·杜拉斯，《死亡的疾病》，见《坐在走廊里的男人》，同前，48。

2　同上，40。

3　同上。

4　同上。

5　同上。

心，且与他的无知相称，仿佛爱也能够从一个爱的意愿当中诞生（我们记得她的回答："从来都不是出于一个意愿。"[1]），仿佛爱，总不可辩护，没有假定独一无二的、无法预见的相遇。但，带着他的天真，他或许比那些自以为知道的人走得更远。在这个他想一起来"试验、尝试"的偶然的女人身上，他定会撞见所有的女人，撞见她们的华丽、她们的神秘、她们的王权，或者，更简单地，她们所代表的未知之物，她们的"最终现实"；没有什么普普通通的女人，这个女人，不是通过作家的任意的决定，才逐渐地获得了其神话一般的身体的真相：身体是她的既有之物（donné），是她献出的、不可接受的礼物（don），既不被他接受，也不被任何人接受，或许，只是，部分地，被读者所接受。这两个存在之间的共通体，从不被置于一个心理学的或社会学的层面，它是最令人震惊的，但也是最显而易见的，既超越了神话，也超越了形而上学。

他们之间确有种种关系：在他，是某种欲望——无欲之欲（désir sans désir），因为他能够与她结伴，并且，这尤其或首先是一种求知之欲，是一种尝试，即试着在她身上接近那

1　玛格丽特·杜拉斯，《死亡的疾病》，见《坐在走廊里的男人》，同前，63。

逃避一切接近的东西，试着如其所是地看她，虽然他看不见她；他觉得自己从来看不见她（在这个意义上，她是反贝雅特丽齐[anti-Béatrice]，因为贝雅特丽齐全然现身于一个人对之持有的视觉，如此的视觉[vision]假定了一切视像[vue]的等级，从电光火石的物理景象，到绝对的可见性，并且，在后者那里，她不再与**绝对者**本身分开：上帝[Dieu]，神[théos]，理论[théorie]，可目睹者的终极因）——与此同时，她没有在他身上激起任何反感，只有一种表面的麻木无感的关系，那样的麻木无感并非冷漠，因为它召唤源源不绝的泪水。或许，麻木无感为她敞开了男人，男人相信自己停留于一种无以命名的快活："或许你从她那里获得了一种你从未有过的乐趣，我不知道。"[1]（因此，至高的审决无法宣示自身：快感本质上是转瞬即逝之物；）同样，它也为他敞开了孤独，他不知道，这个他无权抵达而又抵达了的新的身体，是否减少了他的孤独，或相反地，创造了孤独：之前，他不会知道，他同其他人的关系，同周围人的关系，或许也就是孤独的种种关系，并且，出于羞怯，出于礼仪，出于对惯习的服从，

1　玛格丽特·杜拉斯，《死亡的疾病》，见《坐在走廊里的男人》，同前，43。

这些关系撇弃了那同女人一块儿到来的过度（excès）。的确，随着时间流逝，他发觉，伴随着她，时间恰恰不再流逝，因此，他被剥夺了其渺小的财产，"他个人的房间"[1]，这房间即便有她住着，也显得空洞——而正是她建立的空洞表明了她是多余的——他突然想到，她应该消失，并且，如果她回归大海（他相信她从大海而来），一切会变得轻松，如此的思想（pensée）并未超出思（penser）的一时冲动。然而，当她真正离开的时候，他会在她突如其来的缺席所创造的新的孤独中，体验到一种感伤，一种再次见她的欲望。但他犯了一个错误，他向别人说起，甚至嘲笑这事，仿佛他曾怀着极大的严肃，准备终其一生来从事的那个尝试，只在他的记忆里留下了虚幻的嘲弄。这恰恰是共通体的特征之一，倘若那个共通体解散了自己，给人一个它即便存在过，也从来都不能够存在的印象。

不可言明的共通体

但她自己，这个年轻的女子，如此地神秘，如此地显然，但她的显然（évidence）——最终的现实——从未得到这么好

1　玛格丽特·杜拉斯，《死亡的疾病》，见《坐在走廊里的男人》，同前，53。

的肯定，除非是在其消失的急迫中，在那样的威胁里：她让自己被人完全地目睹，离弃了她绝妙的身体，以至于能够在任一时刻，依其唯一的欲望，停止直接之存在（这就是无限之美和无限之真的脆弱：纵然在合约之下，也没有任何担保），她是谁？摆脱她太容易了，就像我做过的，把她等同于异教的阿芙洛狄忒，或等同于夏娃或莉莉丝。那样的象征主义过于肤浅。无论如何，在他们一起度过的几个晚上（她本质上是夜晚的，这千真万确），她属于共通体，她诞生于共通体，并通过她的脆弱、她的不可通达、她的华丽动人，让人发觉，那不可共有之物的陌异性，恰恰奠定了这个永远临时的、总已荒弃的共通体。这里没有幸福（哪怕她说：多么幸福）；"她的睡眠在蔓延的同时，房间里的不幸在增长"[1]。但，只要男人从中造就了某一荣耀，并相信自己是不幸之王，他就摧毁了它的真理或权威，因为那样的不幸成了他的财产、他的好运、他的特权，他有权为之哭泣的东西。

然而，他也不是没给她带来任何东西。他告诉她世界，他告诉她大海，他告诉她流逝的时间，以及把节奏赋予其睡

1　玛格丽特·杜拉斯，《死亡的疾病》，见《坐在走廊里的男人》，同前，44-45。

眠的黎明。也正是他提出了问题。她是神谕，但神谕只有通过提问的不可能性，才是一个回答。"她对你说：那么你对我提问题吧，我自己提不出来。"[1]事实上，只有一个问题，并且是唯一可能的问题，它由那个在其孤独之中，不知自己正以所有人的名义发问的人，以所有人的名义，提出了："你重新问她人家是不是会爱你。她还是说：不会。"[2]一个如此绝对的回答，以至于它无法从一张平凡的嘴中说出，而只能来自高处、来自远方、来自一个超凡的审判权力，这审判权力也在他身上，用部分的微薄的真理，表达了自己："你说爱情对你来说总显得不是地方，你一直没有弄明白，你一直避免去爱……"[3]种种评论颠倒了首要的问题，并把它还原为一种心理学的简化（他心甘情愿地让自己处在爱的圈子之外：他不被人爱，因为他总想保持自己的自由——他不去爱的自由，因此犯下了"笛卡尔式的"错误，根据那一错误，正是意志的自由延展了上帝的自由，它不能并且必须不被激情的暴力所颠覆）。然而，记述，如此地简短，又如此地稠密，在承认

1　玛格丽特·杜拉斯，《死亡的疾病》，见《坐在走廊里的男人》，同前，60。

2　同上。

3　同上，61。

这些艰涩肯定的同时，承认它们更难适应一个简单的教条。说他不爱任何东西也不爱任何人（他得知这点并反过来承认了）并不难：正如他允许自己承认他从未爱过一个女人，他从未欲望过一个女人——甚至一次也没有、一刻也没有。但，在记述中，他给出了相反的证据：出于一个或许可怜的欲望（但如何形容它呢？），他与这个在此存在的存在联系了起来，并且，正是那一欲望让她向他无求地索求的东西敞开了。"你知道你可以用你愿意的方式、最危险的方式支配她"[1]（无疑是杀死她，那意味着让她甚至更加地真实），"你没有这样做。相反，你细心体贴地去抚摸这个身子，如同它正在遭遇幸福的危险……"[2] 这令人惊讶的关系撤消了我们说过的关于它的一切，并表明，女性对那个想要或自信与之保持陌异关系的人，施加了一种不可定义的权力。不是歌德的"永恒的女性"，不是但丁的在尘世或在天国的贝雅特丽齐的黯淡阴影。但，没有任何亵渎的踪迹，其出离的生存仍然拥有某种神圣的东西，尤其是她最终献出身体的时候，就如同一件绝对的、古老的礼物献出了圣体。这在三句严肃而简单的话中说了出来。

1　玛格丽特·杜拉斯，《死亡的疾病》，见《坐在走廊里的男人》，同前，55-56。

2　同上，56。

"她说：抱住我做完吧。你做了，你抱住了。做了。她重新入睡。"[1]
之后，一切都已完满，她再也不在那里。在夜晚离去，她随
夜晚离去。"她不会再回来了。"[2]

一个人可以梦见如此的消失。他留不住她，共通体的终
结和它的开始一样随意；或者，她已完成了她的工作，她已
比他相信的更为根本地改变了他，给他留下了一段尚未发生
就已经失去的爱情的回忆。（同样地，对以马忤斯的门徒来说：
只有当神离他们而去的时候，他们才让自己相信神的在场。[3]）
或者，这就是依其意志，与她结合的不可言明者(l'inavouable)。
他亦赐她死亡：她所等候的死亡，他到那时还不能实现的死
亡，圆满完成其尘世宿命的死亡——真实的死亡，想象的死
亡，这并不重要。它将共通体的命运当中铭刻着的总不确定
的终结，闪烁其辞地神圣化了。

不可言明的共通体(la communauté inavouable)：这意味
着，它不言明自身，或者，它如此不可言明，以至于任何言

1　玛格丽特·杜拉斯，《死亡的疾病》，见《坐在走廊里的男人》，同前，63。

2　同上，64。

3　参见《新约·路加福音》24:13-35。

明都不把它揭示吗？因为每当我们谈论其存在的方式时，我们都预感到，我们只是抓住了那使之缺场地存在的东西。那么，保持沉默会更好吗？不称赞其悖谬的特点，在那个让它与无法经历的过去处于同一时代的东西里经历它，会更好吗？维特根斯坦这句太过著名、太过老生常谈的格言，"对于不可说的东西，我们必须保持沉默"[1]，诚然表明：由于他说出这话而无法把沉默强加于自己，一个人归根结底必须为保持沉默而说话。但用什么样的言语？这是这本小书托付给其他人的问题之一，与其指望他们做出回答，不如让他们选择把它带在身上，或许还拓展它。因此，一个人将发现，它同样承担了一种严格的政治意义，并且，它不允许我们失去对现时代的兴趣，因为现时代，通过敞开未知的自由空间，让我们对新的关系负有责任，也就是说，我们所谓的劳作（œuvre：作品）和我们所谓的无作（désœuvrement：非功效）之间的总被威胁、总被渴望的关系。

---

1 维特根斯坦，《逻辑哲学论》，贺绍甲译，北京：商务印书馆，2005，105。

图书在版编目 (CIP) 数据

不可言明的共通体 / (法)莫里斯·布朗肖著;
夏可君,尉光吉译 .—上海:上海文艺出版社,2023
(拜德雅·人文丛书)
ISBN 978-7-5321-8789-8

Ⅰ.①不… Ⅱ.①莫…②夏…③尉… Ⅲ.①哲学理论—研究 Ⅳ.① B0

中国国家版本馆 CIP 数据核字(2023)第 117114 号

发 行 人:毕　胜
责任编辑:肖海鸥
特约编辑:任绪军
书籍设计:左　旋
内文制作:重庆樾诚文化传媒有限公司

书　　名:不可言明的共通体
作　　者:〔法〕莫里斯·布朗肖
译　　者:夏可君　尉光吉
出　　版:上海世纪出版集团 上海文艺出版社
地　　址:上海市闵行区号景路 159 弄 A 座 2 楼 201101
发　　行:上海文艺出版社发行中心发行
　　　　　上海市闵行区号景路 159 弄 A 座 2 楼 206 室　201101　www.ewen.co
印　　刷:上海盛通时代印刷有限公司
开　　本:1092×787　1/32
印　　张:3.5
字　　数:55 千字
印　　次:2023 年 7 月第 1 版　2023 年 7 月第 1 次印刷
I S B N:978-7-5321-8789-8/B.098
定　　价:38.00 元
告 读 者:如发现本书有质量问题请与印刷厂质量科联系　T:021-37910000